AF316137

LE
PROBLÈME DU TEMPS

ET EN PARTICULIER

DU

SUFFRAGE UNIVERSEL

PAR

Le Docteur VITTEAUT

Membre correspondant de l'Académie de Dijon

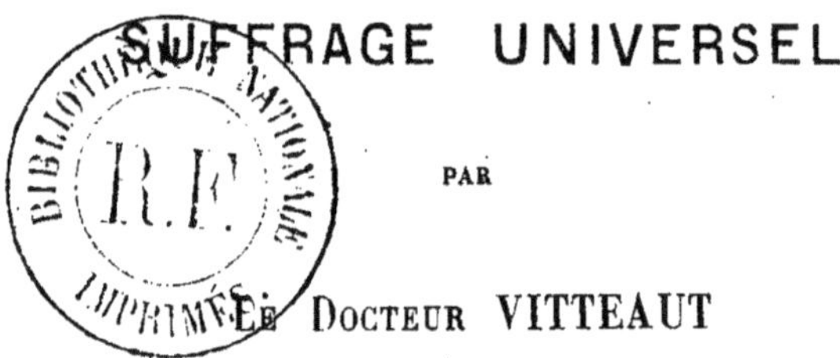

Prix: 1 FRANC 50

CHALON-SUR-SAONE

IMPRIMERIE J. DEJUSSIEU, RUE DES TONNELIERS, 5.

—

1875

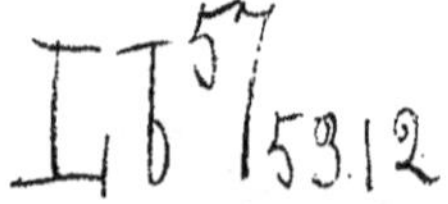

DÉFINITION DE L'HOMME

L'homme est un être organisé, vivant et pensant, doué de la raison, de l'activité volontaire et libre, qui résume en lui, en les reflétant, les éléments physiques, les forces substantielles et les phénomènes de la nature universelle, et qui, sous le rapport physiologique et moral, dans l'état actuel même dit normal, est loin d'être ce qu'il était primitivement.

AVANT-PROPOS

—

Ces pages, comme je l'ai dit déjà, ont été écrites sur la fin de 1867, et devaient avoir pour préface : *Mes Réflexions sur les causes de notre décadence, adressées à M. Gambetta.*

Je crois devoir les publier aujourd'hui, parce que les événements survenus en France depuis cette époque et que j'avais prévus, ne m'ont que trop malheureusement donné raison, et, avant tout, parce que le problème du temps est loin d'être résolu. Le pétrole n'a point dit son dernier mot. Sans doute, des efforts ont été tentés après la fatale guerre de 1870 et la lugubre Commune de Paris, des résolutions individuelles et publiques ont été prises ; sans nul doute encore, au centre du Pouvoir actuel comme de celui d'hier, il existe ce que l'on ne voyait plus depuis grand nombre d'années : l'amour sensé, réfléchi de la patrie, la fidélité au devoir, une vigilance attentive, une consigne prise à la lettre et rigoureusement pour le bien du pays. Mais autour de ce Pouvoir, que d'intrigues ! Mais au sein du Parlement, que de divisions et que d'arrière-pensées ! Mais dans la nation et dans les masses, que de passions mauvaises, que d'égoïsme insensé d'un côté, que de haines jalouses de l'autre, que d'éléments

de dissolution partout ! Non, le génie du mal et destructeur n'a
point désarmé, et, si l'on s'endormait, l'on se réveillerait à coup sûr
dans l'abîme. Qu'on le sache bien et qu'on ne s'abuse pas sur les
vrais principes conservateurs : ils ne sont point là où l'on pense ; ils
ne sont pas dans telle ou telle combinaison politique, dans telle ou
telle subtilité, dans telle réglementation, telle disposition de la force
armée, voire même, et malgré son importance, dans telle forme
gouvernementale ; ils ne sont ni dans les regrets stériles et intéressés
du passé, ni dans les aspirations ardentes et trop souvent déraison-
nables de l'avenir, encore moins dans cette liberté de la presse qui
dégénère en licence. Ils sont dans la bonne foi, dans l'équité largement distribuée, dans le dévouement à la chose publique, dans ces
croyances qui ont toujours honoré l'humanité et dont la pureté des
mœurs a toujours été la conséquence : ils sont dans l'amputation de
notre frivolité, de nos prétentions immodérées, de notre intempérance de langage, de nos calculs hypocrites, de notre amour excessif
et déréglé de la richesse, des honneurs lucratifs, de la jouissance
matérielle, dans l'immolation de cette véritable idolâtrie du moi.—Il
serait à désirer, d'un désir efficace, que l'on se pénétrât bien de
cette vérité : que nous ne relèverons rien, que nous ne fonderons
rien, ni royauté, ni empire, ni république, que nous ne nous relèverons point collectivement si, individuellement, nous ne faisons
point l'assaut de nos vices, si, comme par le passé, nous préférons
l'Opéra à Notre-Dame, la taverne à l'église paroissiale, si nous
restons soumis à la loi aveugle et brutale du nombre, si nous conti-
nuons de vivre sous l'influence de doctrines négatives et éminemment
perverses.

Profitons donc de cette halte, de ce calme forcé que nous pro-

cure l'épée d'un soldat et que nous accorde à dessein la Providence
pour réfléchir et surtout pour nous améliorer ; car, il faut bien
l'avouer, et je le déclare sans fausse modestie, en me plaçant aux
premiers rangs parmi les peu dignes, dans ces temps d'universel
abaissement, les meilleurs d'entre nous ne valent pas grand'chose.

Hélas ! quand je vois un guerrier, qui jouissait d'une réputation
de probité égale à sa bravoure donner des coups de sabre à la logique,
comme il vient d'en donner à la face de tous ; quand je l'entends
proclamer qu'il doit rester étranger aux partis politiques, et qu'en
même temps il manifeste ouvertement ses préférences pour les *institutions tutélaires de l'empire ;* lorsque je le vois faire appel au suffrage
universel, tant exploité dès 1851 au profit d'un régime qui, depuis
Magenta et Castelfidardo, n'a guère fait que caresser les appétits
populaires et corrompre les citoyens; quand surtout je le surprends
abritant ses espérances sous l'ombre de son glorieux frère d'armes,
tenu comme en suspicion et à l'écart sous ce régime, à cause de
son caractère à part, lequel n'a jamais capitulé, je me demande ce
que ferait ce maréchal patriote s'il était cerné dans une nouvelle
Metz, avec un nouveau Bazaine et devant les mêmes bataillons
ennemis, la régence impériale ou mieux le fils d'un Bonaparte étant
là à attendre ; je me livre à de tristes préoccupations en songeant à
tout ce dont seraient capables une foule d'autres noms qu'on rencontre dans des directions diverses, et qui, peut-être, ne valent pas
le sien, et malgré le peu de chances que l'on a de faire passer une
idée sainement sérieuse, malgré le sentiment de mon infériorité, de
mon isolement, le regard toujours fixé sur les destinées de notre sol
sacré, je ne puis me résoudre à garder le silence ; je le peux d'autant
moins, qu'atteints gravement au dedans par les idées régnantes, nous

sommes au dehors, d'une manière générale et sur toute la ligne, menacés d'être achevés par la force victorieuse dans notre citadelle et dans notre phare religieux, je veux dire dans la plus sainte de nos libertés, la plus pure de nos lumières et le plus légitime de tous nos droits.

SAINT-DEZERT (Saône-et-Loire), le 1ᵉʳ Mai 1875.

LE

PROBLÈME DU TEMPS

Considérations générales

Le Problème du temps étant complexe, nous l'examinerons au point de vue philosophique, moral et religieux, au point de vue scientifique, historique, littéraire, artistique, et sous le rapport social, politique, physiologique, économique.

L'homme est l'objet de ce problème, et, comme tel, il doit être défini exactement.

C'est parce qu'on tronque son étude, que l'on donne des solutions incomplètes ; parce qu'on l'apprécie d'une manière inexacte, qu'on en donne d'inexactes, et le plus souvent de fausses, par la raison qu'on s'égare sur l'idée qu'on se fait de sa nature. La meilleure des solutions sera évidemment celle qui répondra à l'homme tout entier, à toutes ses facultés considérées à la fois telles qu'elles doivent être et telles qu'elles sont.

De nos jours, il ne s'agit plus seulement de telle ou telle dissidence, de tel ou tel schisme, de telle ou telle hérésie, de tel ou tel système métaphysique plus ou moins rationnel dans la large et sublime doctrine du spiritualisme, qui a élevé et soutenu les nations comme les individus depuis que le monde est, qui a produit notre civilisation et qui nous a faits ce que nous sommes. La lutte engagée est entre cette doctrine féconde et le matérialisme, entre les forces spirituelles et les forces de la matière, et il s'agit de savoir qui a raison de Démocrite, Gorgias, Épicure, Lucrèce, Bruno, Spinosa, Hume, Hégell, Cabanis, Broussais, Auguste Comte, Bérard, messieurs Taine, Littré, Renan, tous les rhéteurs des diverses époques de décadence, d'une part, et Moïse, Socrate, Platon, Cicéron, Saint-Augustin,

Saint-Thomas d'Aquin, Bossuet, Fénelon, Descartes, Pascal, Leïbnitz, de Bonald, les Gerbet, les Lacordaire, et tous ces penseurs qui marchent sur leurs traces, d'autre part ; il s'agit aussi et surtout de résumer ce qu'a enfanté le génie des siècles, de constater ce qui lui manque dans chacun de ses grands courants, de dégager ce qu'il y a de vrai dans les erreurs qui ont marqué, de tracer, s'il est moyen, des perspectives nouvelles en posant des jalons nouveaux sur la route de l'humanité, de grouper toutes ces choses, et, d'une manière rapide et palpable, d'en présenter l'ensemble à cette humanité, en vue de parfaire son œuvre et de lui faire accomplir ses futures destinées.

Si, d'après feu Bérard, professeur naguère et doyen de la Faculté de Médecine de Paris, l'homme est un *mammifère, monadelphe, bimane ;* si, comme l'enseigne M. Littré, de l'Institut, et comme on l'entend nécessairement dans le cours *ex-professo* de M. Charles Robin, son collaborateur et l'ami de M. Michelet ; s'il est ce même *mammifère, de l'ordre des primates, de la famille des bimanes, caractérisé par une peau à duvet ou à poils rares ;* si, comme il est écrit dans le dictionnaire classique de Nysten, remanié et falsifié d'une manière étrange et criminelle par ces messieurs, *l'esprit de l'homme est la propriété qu'a le cerveau de connaître le vrai et le faux ;* si ses idées ne sont que des *sensations perçues par cet organe,* comme l'imprime, dans son traité de *Physiologie humaine,* M. l'académicien Béclard ; si son âme et toutes les opérations intellectuelles consistent dans le *système nerveux central, dans les modifications, actions et réactions,* ou bien *dans les propriétés de ce système,* comme ils le prétendent et comme tout le monde le prétend dans l'école matérialiste ; si, en un mot, l'homme n'est qu'un composé matériel, c'en est fait de la science métaphysique, de la psychologie, le principe pensant n'étant pas ; c'en est fait de la morale, l'agent moral n'existant pas ; c'en est fait de la religion, l'homme n'ayant rien à faire avec Dieu ; c'en est fait de la théodicée, Dieu n'étant point un Être personnel, substantiel, distinct de l'univers, mais se confondant avec ce même univers et avec les forces de la nature universelle, qui ne sont autre chose que les propriétés de la matière en général ; c'en est fait du divin par conséquent, puisque la Divinité qui existe de cette sorte n'existe point. Cet antique et ineffable nom de Dieu n'est plus qu'*un bon vieux mot, un peu lourd peut-être,* suivant l'expression de cet apostat qu'on appelle M. Renan ; *bon seulement pour amuser la période théologique, qui est la période d'enfance de l'esprit humain,* pour me servir du langage de son digne et froid émule ; la Providence n'est plus *qu'un fonds riche d'espérances mais pauvre de ressources*, au dire du procureur général Dupin, et, d'après le Strauss allemand comme d'après le petit Strauss français, le Christ n'est plus qu'*un mythe*, et l'histoire du christianisme *une légende*.

S'il n'y a dans l'homme que des propriétés ou des forces organiques, des besoins qui dérivent de son organisation et des instincts qui naissent de ses besoins, incontestablement il n'y a plus de morale, la différence essentielle entre le vice et la vertu, le bien et le mal s'évanouissant ; le droit se confond avec l'intérêt, le besoin, et la seule logique est la force mise au service de tout cela. — C'est en vain qu'on imagine des penchants altruïstes, qui garantissent la sociabilité en sauvegardant les intérêts et les besoins égoïstes : l'*altruisme* du disciple d'Auguste Comte ne vaut guère mieux que la *morale du risque* de M. Emile de Girardin, qui n'a pas craint d'imprimer ces paroles extravagantes : *Raisonner, c'est le droit, tout le droit, rien que le droit ; raisonner, c'est non-seulement le droit, c'est aussi le devoir* ; qui n'a pas craint, dans ces derniers temps, de s'élever dans la presse contre le *droit qu'a la société de punir*. Comment concevoir une morale qui suppose la liberté avec une activité cérébrale résultant d'une association ou d'une combinaison de molécules essentiellement matérielles ? S'il n'y a plus dans le fond de la nature de l'homme que des impressions physiques, des sensations nerveuses, des idées nerveuses, des déterminations nerveuses, si tout dans cet homme tend et doit tendre à *la conservation de l'individu et de l'espèce*, suivant la formule consacrée, sa loi, et il n'en aura pas d'autre, sera avant tout de satisfaire ses besoins, son suprême bonheur sera dans le bien-être organique, et ce bonheur il s'appellera la jouissance, et plus les besoins seront grands, se développeront, se multiplieront, plus aussi devront croître, se développer et se multiplier les moyens de jouir, et plus les moyens de jouir existeront, se multiplieront dans l'atmosphère individuelle et seront absorbés par l'individu, plus la somme de jouissances ou de félicité sera grande ; et c'est alors que, s'il est encore question d'un Dieu qui s'oppose à ces jouissances indéfinies, à la plénitude du bonheur du genre humain, ce Dieu sera un Dieu *envieux, cruel, tyran*. On n'a pas reculé devant cette assertion et ces qualifications ; et, puisque le bien-être est le bon, est le bien, est l'idéal du bien, ce Dieu, qui est opposé à cet idéal, devra logiquement se nommer le *mal*. Un brigand de l'idée, mais un logicien rigoureux, Proudhon, l'a nommé ainsi et devait ainsi le nommer ; et si ce Dieu, qui est le centre de la Justice, la Justice par excellence, est encore évoqué pour punir le coupable dans une autre vie, afin que les mortels puissent jouir en paix, une voix solennelle s'élèvera par dessus mille, ce sera celle de Mme Georges Sand, que des libertins voulaient installer dans le sanctuaire académique ; cette voix, dans sa fameuse *Histoire de ma vie*, s'adressera à la terre et lui criera : *Je supprime dans mon âme et conscience cette atroce fiction de l'enfer.*

Il est bien entendu que tous ceux qui s'occuperont des choses pures de l'esprit seront traités avec dédain ; Bérard ne trouvait rien de plus injurieux à leur opposer que l'épithète de *littérateurs*. L'intellect n'étant pas, ou se confondant avec les organes, la littérature, en effet, n'a plus sa raison d'être telle qu'elle était et telle qu'elle doit être dans la période positiviste ou période moderne ; elle n'est plus qu'un ramas de peintures lascives, de choses qui impressionnent, titillent la sensibilité nerveuse, elle n'est plus que désordre et obscénité !

L'histoire ne sera plus qu'une machine à enregistrer les grandes découvertes, les phénomènes tangibles de l'humanité, des événements qui se succèdent, s'enchaînent fatalement, qui se précipitent et se pressent comme le flot pousse le flot : Le fatalisme sera derrière les actes des peuples comme des particuliers.

Quant à l'art, on sait ce que M. Taine en pense, lui qui professe à l'école un réalisme de salles anatomiques, et qui, dans des cours publics, assimile *l'amour à un verre de vin qu'on vide et qu'on laisse après l'avoir vidé.* Le secrétaire annuel de l'Académie de médecine, le fils du savant Béclard, officier d'hier de la Légion d'honneur, qui ravit nos immortels par le charme de sa parole, avait écrit ceci : *Le besoin de reproduction engendre dans l'espèce humaine le plus noble des sentiments : l'amour.*

Oh ! honte pour mon pays, la patrie du beau, du bon goût, de l'antique honneur ! ce M. Taine, égal en audace à Proudhon, plus railleur que lui, mais qui n'a point sa rigueur logique ni ses connaissances économiques, cette troisième personne de cette affreuse trinité négative qui trône à Paris, avec MM. Littré et Renan, dans les hautes régions du monde de la pensée, et qui fait en ce moment l'assaut de nos mœurs, de nos institutions, cet élève de M. Duruy, cher au cœur du ministre au même titre que M. About, vient d'être décoré de la croix des braves !

Pour ce qui est de ce petit rhéteur qui se nomme Béclard, qui parle de tout avec élégance, des philosophes écossais, des philosophes allemands sans les comprendre, qui paraît avoir fait sa petite trouvaille dans le tube digestif et dont l'intelligence ne dépasse guère *la capacité d'une anse intestinale prise entre deux ligatures*, pour ce qui est de cet immortel et de ce professeur agrégé, bien capable d'enseigner d'une manière magistrale, il ne lui manque qu'une chose : la chaire de physiologie à la Faculté parisienne. Il va sans dire qu'il l'aura, la force de ses doctrines, qui ne sont point siennes, l'y pousse invinciblement.

Ce n'est point tout : dans l'ère nouvelle qui a succédé à la deuxième période, la métaphysique ou ontologique, du moment que l'homme d'après le positivisme est un animal mammifère, il n'y a plus dans la famille humaine que des individus mâles et femelles ; la famille telle qu'elle a été constituée par la loi primitive, divine, par la loi hébraïque et par le christianisme, cesse d'exister : le serment des époux doit être rompu avec le nœud conjugal, si l'harmonie entre les facultés organiques ne se rencontre pas chez les conjoints : l'autorité paternelle disparaît avec la piété filiale, et la société tout entière se trouve *scientifiquement* transformée sous l'influence des penchants et des instincts organiques. La politique elle-même cessera d'être ce qu'elle était : elle consistera à correspondre aux intérêts, aux besoins nouveaux, ou, ce qui revient au même, aux aspirations nouvelles ; elle ne sera plus que l'art de satisfaire ces besoins et d'équilibrer les instincts égoïstes avec les instincts altruistes. **Enfin**, et j'espère le démontrer à nos professeurs et à nos académiciens qui ont tout fait pour tuer la science médicale, la physiologie ne sera plus une science à part, et la médecine aura fait son temps.

Ainsi, il n'y a plus et il ne doit plus y avoir ni loi divine, ni loi humaine pour régir l'humanité, ni loi philosophique, ni loi religieuse, ni loi morale, ni loi intellectuelle, ni loi artistique, ni loi physiologique ; il n'y a plus rien.

Je me trompe, il reste quelque chose. Il reste l'organisme humain ou le mammifère vivant avec ses éléments matériels, solides, liquides, gazeux, avec ses organes ; il reste les conditions de milieu au moyen desquelles il entretient sa vie : le règne minéral, végétal, animal, le monde des infiniment grands et le monde des infiniment petits, le monde du télescope et le monde du microscope ; il reste à construire des lentilles immenses, à éviter le phénomène de la dispersion des rayons lumineux, et à inspecter les cieux, à découvrir dans leur profondeur ce qu'on n'a pu découvrir encore ; il reste à fouiller et à fouiller toujours dans les entrailles de la terre, à remuer toutes ses couches pour mieux connaître sa structure, les débris des êtres vivants, et à achever l'histoire des créations *successives* et *spontanées* ; il reste à sonder l'Océan pour étudier tout ce qu'il contient ; il reste à analyser et à réanalyser la matière inorganique, organique, vivante, à la scruter dans tous ses éléments, à la considérer sous ses différentes formes et dans toutes ses propriétés ; il reste à saisir tout ce qui est dans l'atmosphère et qu'on est loin d'avoir saisi ; il reste donc l'étude de l'astronomie, de la géologie, de la physique, de la chimie, de la météréologie, de l'histoire naturelle, de l'anatomie, de l'hygiène, de la biologie, et, comme nous avons des aliments à introduire dans nos voies digestives, *une peau à duvet* à protéger, il restera nécessairement les sciences agricoles, industrielles, commerciales, et, pour déterminer les rapports entre la production et la consommation, la science économique, et avec la science économique la sociologie, qui se résume dans le socialisme matérialiste.

Chose étrange ! dans ce système d'où l'on exclut toute recherche des causes premières et finales, où l'on ne doit s'occuper que du relatif, du contingent, du fini, de la *nuance*, on conserve la science qui touche à l'infini et à l'absolu, je veux dire la mathématique, probablement parce qu'on sera convenu que un est égal à un et que deux et deux font quatre, parce que dans la matière cérébrale il est indubitablement un organe matériel qui a la faculté de déduire d'une proposition géométrique telle autre proposition, et aussi sans doute pour additionner, totaliser tous les faits de l'expérience. On a additionné, totalisé des faits : nous sommes encore sous l'influence du numérisme, de la statistique, et lorsqu'on a totalisé on croit avoir généralisé : un fait était la cause d'un autre fait. Aujourd'hui, grâce à la loi du progrès scientifique, la cause du fait est dans le fait lui-même, la cause de toutes les fonctions organiques de l'homme dans ses *éléments anatomiques* ; l'homme est à lui-même sa propre cause ; il a sa raison d'être en lui organiquement parlant, anatomiquement parlant, histologiquement parlant, chimiquement et physiquement parlant, tout comme la nature, le monde en général, le Grand Tout ; il a sa raison d'être ainsi aussi bien quand il se meut, quand il digère, que quand il pense.

Il y a plus, comme tous nos organes, tous nos tissus, toutes nos fibres aboutissent et se résument dans la cellule primitive, la cellule mère de l'organisme, l'élément cellulaire, pour être logique il faudra rigoureusement admettre et reconnaître que non-seulement toutes nos fonctions organiques, toutes nos impressions nerveuses, toutes nos sensations, toutes nos idées, toutes nos volitions, mais nos mœurs et les mœurs des nations, mais les types des races, mais leurs systèmes politiques, mais leur agglomération, mais leur vie intellectuelle comme leur vie physiologique, mais leurs constitutions morales comme leur tempérament, mais leurs croyances et leur religion dérivent des éléments anatomiques et primordialement de la cellule. La cellule, qui a pour diamètre deux dixièmes de millimètre, est la cause de tout, elle procrée tout : les éléments anatomiques, et avec ces éléments anatomiques, les organes, et avec ces organes la bile et les idées, les urines et la pensée, les actes de sécrétion comme les actes d'adoration, et M. César Lefort, qui distance déjà de beaucoup M. Littré, qui prétend, dans la *Réforme Médicale* du 22 septembre 1867, que ce M. Littré, pour s'être arrêté à certains préjugés, expiera chèrement ses succès, est condamné à soutenir au fond ce que nous avons la douleur d'exposer comme conséquences inévitables, évidentes, d'une doctrine avouée, professée, qui a fait explosion dans la première Faculté du monde, spécialement dans la chaire d'histologie créée sous le ministère Rouland, et qui se traduit par un style sauvage et nu dans plusieurs de nos écrits périodiques.

Se ruer sur la matière, en prendre possession pour lui donner toutes les formes et l'accommoder à nos besoins indéfinis, agir sur elle par tous les réactifs, tous les appareils, tous les instruments, la décomposer sans cesse et la recomposer, lui disputer ses forces, la dominer pour assurer l'empire de l'homme sur la nature, voilà le problème de l'*énergie cérébrale du temps*. Expérimenter, ne pas aller dans les expériences au-delà du fait constaté, parce qu'il faudrait conclure, et qu'il *est d'un esprit fin de ne pas conclure*, ne rien admettre et ne rien tenir pour certain que ce qui est rendu sensible par les procédés de l'analyse, tel est le mot d'ordre qui a retenti et qui retentit plus que jamais dans le haut enseignement.

Dans cette direction et sous l'impulsion générale, j'admets que l'humanité poursuive sa marche accélérée de toutes les données acquises ; je suppose qu'elle résiste aux courants sous-marins et établisse entre les deux hémisphères des communications solides et durables au moyen de câbles transatlantiques ; qu'elle arrive à faire des ascensions et à se diriger, maîtresse d'elle-même, dans les régions de l'air ; qu'elle parvienne par certains grossissements à discerner ce qui se passe dans certaines planètes; qu'elle assainisse certaines contrées et tarisse la source des fléaux épidémiques; qu'elle puisse prévoir les phénomènes météréologiques et se mettre à l'abri des tempêtes; qu'il lui soit donné de faire le vide dans certaines zônes atmosphériques, y attirer les vapeurs de l'Océan ou des fleuves pour les condenser en pluie et les faire tomber sur un sol avide de les recevoir; je suppose qu'avec des piles gigantesques elle soutire les forces électriques, les accumule et en dispose pour ses desseins; que, tenant dans ses mains la foudre, elle domine les éléments de la création, pense-t-on qu'alors comme déjà la modestie sera sa caractéristique? N'y a-t-il rien au monde qui donne plus d'audace à l'homme que l'empire qu'il prend sur la matière? Qu'arrivera-t-il donc si elle persiste à marcher en avant et dans ces voies?

Si les efforts tentés jusque-là pour arracher aux nébuleuses, aux planètes et aux soleils leurs secrets, pour appliquer les courants électriques à l'art, à l'industrie, aux relations sociales, pour diriger les rayons de la lumière, les concentrer et produire des images exactes, pour utiliser le calorique, la vapeur, toutes les ressources de la chimie, pour supputer dans le passé les variations atmosphériques, pour continuer l'histoire du globe, pour tirer parti des trois règnes de la nature, pour assainir des terrains, ouvrir des quartiers, ventiler de grands centres; si tous les efforts faits pour apprécier les ressorts de l'organisme, les échanges entre l'économie vivante et le milieu ambiant, entre les animaux, les végétaux, les minéraux, pour fournir à chaque fonction ce qui lui convient, distribuer telle série d'aliments en vue de tels produits, imprimer chez les animaux des formes déterminées sous l'influence de telles conditions hygiéniques; si les résultats obtenus ont déjà tellement enflé la superbe de l'homme, je me demande ce qu'il adviendra si son labeur s'exerce de plus en plus et exclusivement sur les choses matérielles; si, occupé tout entier à créer des voies de circulation, à construire des ponts, à percer des montagnes et des isthmes, à abattre toute barrière, et par la faculté d'échanger librement, à mettre le corps social en rapport avec toutes les productions du globe, il travaille et ne cesse de travailler dans le commerce, dans l'agriculture, dans l'industrie, dans le but d'agrandir toujours sa fortune et la richesse publique; si, après avoir travaillé, il est tout préoccupé d'exposer ses produits en s'exposant lui-même dans ces comices, dans ces assemblées, dans ces palais splendides improvisés où sa glorification se confond avec celle de la matière; que peut-il arriver si l'homme ne parle et ne s'occupe que d'argent, que de crédit, que de caisses de retraite, que d'associations, que d'assurancés, que de comptoirs d'escompte, que des secours de la mutualité; s'il ne voit que le salaire en rapport avec les besoins, le théâtre, les spiritueux et les femmes pour répondre aux appétits de jouissances nerveuses, et la force combinée avec l'intérêt pour assurer l'ordre et la sécurité? Que peut-il arriver si l'humanité, fière d'elle-même, peut se maintenir quelques années sur ce terrain, si le succès couronne ses efforts, si, se contemplant elle-même dans toutes ces splendeurs qu'elle s'est faites, elle posé comme le monarque babylonien; si, satisfaite du présent, elle se lance dans l'avenir avec une activité plus fébrile encore, assurée du lendemain et à la poursuite des mêmes conquêtes, si surtout elle réalise les hypothèses ou quelques-unes des hypothèses que nous avons émises?

Il arrivera, et il n'y a pas à en douter à voir ce qui se passe dans la plupart des têtes, que cette humanité, qui est *en train*, d'après le mot de la haute critique, *de fabriquer du divin comme l'araignée file sa toile,* réalisera dans l'idée cet *éternel devenir* des philosophes allemands, dans son orgueil démesuré ou plutôt dans son délire, elle se croira dieu et voudra être adorée. Elle ne fera pas l'assaut de l'Olympe, comme autrefois les géants de la fable, elle ne recherchera plus querelle à la Divinité, mais elle la supprimera et trônera à sa place dans l'immense banquet de la vie terrestre : elle sera, d'après le rêve de nos réformateurs, la Providence et toute la Providence, le seul et unique Dieu ; la connaître sera l'objet de l'éducation ; l'aimer sera le culte et toute la religion (Littré), et si tout n'est point Dieu comme jadis dans le polythéisme panthéistique, chaque membre de la famille humaine sera une fraction de Dieu. Or, quel dieu, mon Dieu ! sera cette divinité dans la trame de laquelle il entrera un Havin, un About, un Jourdan, un Grandguillot, un Lemoinne, un Guéroult et leurs patrons, des fils de la nature tels que des Émile, à côté d'un Taine, d'un Michelet, d'un Littré, d'un Quinet, d'un Renan, d'un Havet, formée d'un Flourens, d'un Piorry, d'un Béclard, d'un Robin, d'un Sée, d'un Broca, juxtaposés sur un Comte, un Proudhon, un Bérard, un Magendie, un Rochoux, un Broussais, un Cabanis, un Diderot, un Voltaire, un Volney, qui le sont sur une foule d'autres ; flanquée d'un Süe, d'un Hugo, d'un Musset, d'un Sainte-Beuve, d'un Ponsard, d'un Augier, d'un Alexandre Dumas, d'un Paul de Kock, combinés avec Mmes Georges et toutes les femelles divines ! Quel dieu que ce dieu formé par tous les écrivains athées, par tous ces philosophes de la négation qui pullulent en Allemagne et dans notre pays, par tous ces politiques sans foi, tels que les Palmerston, les de Cavour, les de Bismarck, par tous ces industriels sans entrailles, par tous les révolutionnaires garibaldiens, par tous les conspirateurs mazziniens, par tous les unitaires, les socialistes, les communistes, par tous les libres-penseurs, les francs-maçons, tous les niveleurs, par les solidaires, par tous ces travailleurs au cerveau faible, aux bras vigoureux, à l'estomac béant ! Combien ce dieu-humanité sera autrement bon, plus saint, plus intelligent, plus prévoyant, plus puissant que le Dieu des chrétiens, des martyrs, des missionnaires, des Filles de charité, des Saint-Vincent-de-Paul, des Saint-Anselme, de tous les grands philosophes spiritualistes, de tous ces pères de l'Église qui sont aussi les pères de la raison, de tous ces grands docteurs, des Clovis, des Charlemagne, d'Abraham et de Pie IX.

Voilà pour le côté surtout spéculatif ; mais, dans la pratique, que nous est-il réservé ? Chacun prête l'oreille ; on pressent un ordre de faits nouveaux. Quel sera donc ce règne nouveau qui doit étonner le monde et le régénérer ?

Ce Dieu Humanité, ce n'est plus seulement un César romain, un Empereur de Chine ou de Russie ; c'est le dieu constitué par tous les bimanes qui s'appellent hommes ; c'est un dieu mammifère. Or, les mammifères qui réalisent le dieu de l'avenir, ne sont point des êtres à la façon des animaux, avec des instincts déterminés, avec des besoins réglés, avec des forces organiques qui se mesurent, se dirigent et convergent vers un but assuré ; ces mammifères sont omnivores ; ils ont des penchants, des passions déréglées qui se retournent contre leur idéal, contre le plan primitif, l'ordre inné ; ils sont loin d'être ce qu'ils devraient être, quoi qu'en dise et pense l'école des parfaits, au fond très imparfaits, tout perfectibles qu'ils soient ; ils sont envieux, menteurs, jaloux, vindicatifs ; au lieu d'être bons, ils sont le plus souvent méchants ; la concupiscence les travaille et l'orgueil est leur partage ; ils sont enclins au mal plutôt qu'au bien. C'est un fait d'observation et d'une observation de toutes les secondes depuis l'origine des sociétés.

Que si, par des théories sensualistes, par des discours, des romans, des journaux, de petits livres, par des fêtes, des spectacles, des exhibitions libidineuses, et surtout des exemples scandaleux, vous exaltez la convoitise de ces êtres-là, si vous dilatez leurs désirs et leurs appétits, si vous les conviez à la jouissance, si vous enflez leur esprit, si vous les entretenez de leur souveraineté, ils tendront à jouir et à s'élever de toutes leurs forces, et, pour jouir toujours et monter sans cesse, ils devront tout niveler en se nivelant eux-mêmes.

C'est ici qu'il faut signaler et faire toucher du doigt le vice et le danger de la doctrine *humanitaire,* de cette science du jour qui a la prétention, ne nous le dissimulons pas, de régner sur la terre, et qui porte dans ses flancs ce que nous allons voir et ce que l'histoire du reste nous enseigne.

Dans la théorie vraiment scientifique, agir, fonctionner organiquement, c'est développer l'organe de la fonction; voir, entendre, respirer, c'est développer l'organe de la vue, de l'ouïe, de la respiration. Mais s'il est vrai que tous nos instincts, tous nos penchants, toutes nos passions se résument comme toutes nos sensations, toutes nos intuitions, toutes nos pensées, toutes nos volitions dans le système nerveux central, dans ses modifications qui ne peuvent être que matérielles, se livrer à l'ambition, à l'estime de soi, c'est également développer dans le cerveau l'organe de l'ambition, de l'estime de soi-même; poser comme point de mire l'argent, la richesse, c'est développer l'organe de la ruse pour arriver au but marqué, et si ce but ne peut être atteint par les voies ordinaires, c'est réveiller l'envie, la haine, la colère, et partant l'organe de la destructivité; de même si vous posez comme but capital la jouissance, si vous centralisez les forces humaines de ce côté, vous développez ce qui, dans l'encéphale, doit être l'organe de l'amour physique, vous exagérez le système nerveux sensitif; si vous voulez dépasser la mesure d'activité de tous ces organes, vous développez alors des états maladifs, des aberrations de leur mode d'activité, pour parler le langage admis, c'est alors que vous engendrez avec l'orgueil, la ruse, l'envie et la haine, le vol ou le pillage, avec la fureur de jouir la cruauté.

J'ai été appelé à donner mes soins à un jeune homme, fils d'un bon et brave cultivateur de nos campagnes, dans une famille pure et vierge de toute monomanie. Jusqu'à dix-huit ans, ce jeune garçon avait été un modèle de piété filiale et de travail; à cet âge, il se livre avec excès à l'onanisme, et, à vingt ans, c'est-à-dire dans l'espace de deux ans, les magnifiques courbures de sa colonne vertébrale, destinées à la solidité comme à la souplesse de la station, s'effacent; son tronc s'incurve en avant; son front se dirige vers la terre; ses mains, dans la supination, comme nous disons, s'allongent vers les organes génitaux qu'elles semblent rechercher machinalement ; pâle, sans barbe, avec *des poils rares et déliés*, décharné, l'œil en feu, ce mammifère, qui n'était plus un homme, était un animal furieux ; la présence de ses père et mère qui s'étaient opposés à ses excès excitait sa fureur à tel point qu'il nous a fallu le séquestrer.

La plupart des tyrans et des monstres sanguinaires ont été primitivement des ultra-voluptueux.

Combien n'avons-nous pas vu et ne voyons-nous pas de ces êtres humains déformés physiquement et physiologiquement par le vice quand ils le sont moralement ? Celui-ci trahit dans sa démarche son genre de passions, il s'avance et se traîne d'une manière raide et saccadée, ses muscles et leurs leviers n'obéissent plus ; celui-là voit à peine sa route et chancelle ; cet autre a son cuir chevelu dégarni et n'impose qu'un respect négatif ; il en est dont la voix est nazillarde et malsonnante, la colonne d'air qui part des poumons au lieu de monter et de s'étendre sous la voûte du palais, passe à travers ce palais perforé par le mal et fait irruption au dehors à travers les fosses nasales ; heureux, quand sur la surface cutanée, jusque sur les joues et la bouche, il n'existe pas de ces stigmates qui rendent le baiser impossible entre le frère et la sœur, l'époux et l'épouse, l'enfant et la mère ; il en est d'autres dont l'intempérance a congestionné la face, le cerveau, tout le système capillaire, leurs yeux semblent sortir de leurs orbites, ils paraissent écrasés sous leur masse, et, quand on les considère, on comprend qu'ils soient capables d'assimiler des aliments et non d'élaborer des idées !

Combien n'avons-nous pas vu et ne voyons-nous pas d'individus qui, simples d'abord, avec des sentiments de modération, sont saisis tout à coup de l'envie de s'enrichir ! La cupidité les emporte, et, sous les coups redoublés de cette passion, ils deviennent d'honnêtes voleurs s'ils réussissent, ou des voleurs marqués par le doigt de la justice s'ils sont pris en flagrant délit. On les reconnaît à la souplesse de leurs allures, à leur politesse de commande, à l'activité de leurs sens qui sont toujours au guet du moindre événement.

Combien, dans les écoles, dans les académies, à la tribune politique, comme dans les réunions, les expositions de l'industrie, ne voyons-nous pas de ces savants ou réputés tels, de ces hommes dont l'apophyse mastoïde gauche est tendue sur l'acromion du même côté, c'est-à-dire dont l'oreille est inclinée fortement sur l'épaule, dans l'attitude de dieux qui s'admirent ! Ils exagèrent tellement leur taille, qu'ils semblent dire au

commun des mortels : *Vous ne sauriez atteindre jusqu'à nos malléoles !*
Ils planent dans une sorte d'Olympe et ils se croient chacun non-seulement
une fraction, mais une totalité divine. On en rencontre d'autres non moins
orgueilleux, repliés sur eux-mêmes, à l'écart, irrités du vide qui se fait
autour de leur nom ; ils offrent dans toute leur physionomie et dans tous
leurs gestes l'expression du plus sublime dédain pour tout ce qui n'est
pas eux ; leur teinte subictérique révèle le mouvement désordonné de leurs
humeurs et leurs sécrétions vicieuses : leur bile se mélange avec leur ressen-
timent.

Telle est l'influence des passions sur l'organisme, qu'étant répétées
suffisamment pour être dominantes, elles offrent chacune à l'observateur
une empreinte caractéristique. C'est ainsi que l'hypocrisie, l'orgueil,
l'impiété, l'intempérance, de même que l'abus des organes génitaux, la
syphilis, la goutte, les scrofules, ont leur cachet extérieur, et, quand nous
constatons ces résultats sur l'homme, nous spiritualistes, nous déclarons
qu'ils sont les effets du moral sur le physique, du principe spirituel altéré
dans ses facultés sur les organes ; si nous sommes en plus vitalistes, nous
ajoutons, pour ce qui est des affections vénériennes par exemple, que les
lésions qui les accompagnent et les distinguent ne sont que la manifestation
ou la traduction d'une altération spécifique du principe vital ou de la force
organique.

Il n'en peut être de même si l'on se place au point de vue des doctrines
purement organiciennes. Pour les matérialistes, ces désordres, ces résultats
en question, et qui se traduisent sur toute l'habitude du corps et sur les
tissus, ne sont et ne peuvent être que des effets qui ont pour cause des
organes aussi matériels que ces désordres.

Dans l'hypothèse matérialiste, une chose reste acquise, c'est que, agir
par la pensée, c'est développer le cerveau qui pense ; mettre en jeu les
passions, c'est développer les organes, les circonvolutions ou masses
cérébrales qui leur correspondent dans les centres nerveux, et si le jeu de
ces organes est poussé trop loin, ou bien si les passions dominent avec trop
de violence, ce qui est la même chose, c'est altérer leurs fonctions et produire des désordres tels que la vie normale cesse d'être.

Ici, je m'adresse à M. Littré comme à tous les matérialistes, comme à
tous les phrénologistes, et, raisonnant dans le sens de leur faux système,
je leur demande ce qu'ils auront à opposer, sous l'empire des idées de
jouissance et d'orgueil, des mauvaises passions égoïstes, à l'activité céré-

brale déréglée, ou mieux à ces masses cérébrales, pour parler plus juste et d'une manière plus positive. — Une autre activité cérébrale, me répondent ces messieurs, et d'autres masses encéphaliques. — Mais ces masses de matière cérébrale, qui représentent, d'après vous, des instincts d'amitié, de bienveillance, de dévouement, tous les penchants altruistes, se trouvent atrophiées ; elles le sont en vertu de cette autre loi scientifique qui exige que, lorsque dans une même série d'organes, il en est qui prennent un développement exagéré, les autres s'étiolent. Donc, en définitive, à tous les méchants instincts égoïstes, à toutes les passions subversives, vous aurez et vous n'aurez qu'à opposer des morceaux de pulpe cérébrale atrophiés. Quel contrepoids pour la morale individuelle et publique, quelle garantie pour les individus et les sociétés, et combien vous êtes dignes des couronnes qui pleuvent sur vos têtes, ô génies, ô vastes penseurs des âges modernes ! Nos fils, peu reconnaissants, feront tomber la responsabilité de vos méfaits, de vos négations, de vos œuvres impies, anti-sociales, non-seulement sur vous, mais aussi sur ceux qui vous auront laissés dire, laissés faire, qui vous auront décerné des faveurs et qui auront ainsi contribué à vous saturer de délire et d'audace !

Là n'est point l'exposé fidèle de notre système, direz-vous gravement, car vous êtes graves. « Nous ne séparons pas dans notre pensée les pen-
« chants altruistes des penchants égoïstes, nous voulons l'harmonie entre
« eux, et par conséquent dans l'*éducation scientifique* des peuples, le
« développement simultané des organes qui leur correspondent et qui sont
« ces penchants eux-mêmes, afin de les équilibrer. »

De sorte que je suis en droit de continuer et de vous répondre à mon tour : A des morceaux de bouillie cérébrale développés, hypertrophiés, vous aurez et vous n'aurez, pour le plus grand bien du genre humain et pour l'arrêter dans ses écarts et dans ses attentats, qu'à opposer d'autres morceaux de bouillie cérébrale également hypertrophiés.

Quelle extravagante hypothèse de la part de gens qui, tous les jours, hurlent contre l'hypothèse en général !

Je dis que c'est là une hypothèse et rien qu'une hypothèse ; hypothèse condamnée par le mammifère Bérard lui-même, par M. Lélut, par l'examen crânioscopique, et surtout, et ce qui a une valeur sans réplique, par l'examen cadavérique ; hypothèse impossible dans l'ordre des faits, car dans la sphère des actes humains l'égoïsme prime tout ; l'égoïsme est le fond de la nature telle qu'elle est, et, quand nous y prenons garde, nous constatons que votre altruisme n'est qu'un égoïsme déguisé. On ne connaît guère parmi vous l'humilité; l'abnégation n'a point sa case dans vos registres positivistes; faire le bien pour le bien en soi n'est qu'une duperie; et, lorsque vous avisez à des moyens d'aider et de secourir vos semblables, on peut affirmer, sans crainte d'erreur, que le but que vous vous proposez avant tout, c'est vous-même, c'est votre sûreté personnelle, c'est votre conservation personnelle, votre extension personnelle, quand ce n'est pas votre domination personnelle ; c'est toujours la dynastie de votre nom, de votre fortune, de votre personnalité. Quoi ! c'est lorsque les vertus épanouies de tout temps au soleil du spiritualisme deviennent de plus en plus rares, lorsqu'un luxe effréné traîne à sa suite tant de misères, quand l'orgueil de la chair le dispute à l'orgueil de l'esprit et suinte du fond de notre être sur toute sa surface, que la société, affamée de jouissances, travaillée par la convoitise, répète à l'envi et sourdement *le panem et circenses* des âges matérialisés, c'est à ce moment-là que vous osez préconiser de semblables doctrines !

Mais, diront encore quelques-uns d'entre vous :

« Nous n'avons rien à démêler avec la phrénologie ; nous pensons et
« nous avons toujours pensé que le cerveau agit en masse pour produire
« la pensée, que ses modifications portent sur toute sa masse dans toute
« manifestation des phénomènes cérébraux. »

Je n'examine point s'il vous est possible de vous séparer des phrénologistes. Broussais pensait qu'il ne le pouvait point; c'est ce qui explique son cours public, à la Faculté, sur le système de Gall et en faveur de ce système. J'admets que la chose puisse avoir lieu; alors, si ce que nous avons reconnu et que vous ne contesterez pas, à savoir que la fonction développe l'organe, comme l'action musculaire le muscle, qu'opposerez-vous sous les coups redoublés de l'erreur, des passions égoïstes et des penchants destructeurs à un cerveau modifié moléculairement, anormalement, tendu, développé outre mesure, hypertrophié? Sans doute une cervelle saine, qui aura sa forme, sa consistance, son poids, son volume, sa composition chimique, et avant tout *ses éléments anatomiques*, tels qu'ils doivent exister. Mais où la prendrez-vous cette cervelle normale, pour la mettre à la place de cette autre cervelle anormale? Dans le crâne du savant professeur d'histologie, assurément, ou dans ceux de ses nouveaux collègues qui viennent d'être installés par les suffrages d'une jeunesse insensée, dans la boîte osseuse de M. Charles Robin, qui a trouvé le moyen, de concert avec le docte et profond Littré, d'administrer à cette même jeunesse du poison matérialiste à plus haute dose, en se servant d'un nom populaire tel que celui du spiritualiste Nysten (*).

Vertu ! vertu ! j'ai lieu de croire que tu n'es qu'un mot sous la période et le règne de la science moderne. Il fallait se signaler comme et plus que tant d'autres, il fallait répandre le dogme nouveau, il fallait surtout affranchir les humains ; tous les moyens sont bons pour le succès d'une si grande cause, et les molécules organiques ou bien les éléments anatomiques dans le cerveau de ces maîtres immortels étaient merveilleusement agencés pour cette combinaison déloyale et pour cette sainte entreprise ! Il le fallait, c'était une nécessité organique, comme, sous le règne du droit nouveau, c'était également une nécessité d'organes irresponsable pour le comte de Cavour, en vue de l'affranchissement de l'Italie, de faire alliance avec Garibaldi, de se servir de ce nom pour la propagande unitaire, de révolutionner Naples et toutes les provinces, d'envahir les Marches et l'Ombrie sous prétexte d'y maintenir l'ordre, d'écraser une poignée de braves, de s'emparer par l'astuce ou par la violence des possessions du Saint-Père, de s'annexer tous les petits États malgré les promesses données, la foi jurée et contre le droit des gens ! Il le fallait, c'était une nécessité, *ultima ratio*, comme c'était et c'est encore pour M. de Bismarck une nécessité de déchirer les traités, d'armer, pour se défendre contre l'Autriche *qui le menaçait*, de s'allier avec le royaume garibaldo cavourien pour écraser la rivale de la Prusse, et, sous prétexte de patrie allemande, d'unité germanique, d'opérer violemment, tyraniquement et iniquement l'unité prussienne ! Il le fallait, c'était une nécessité comme ce sera une nécessité si l'Amérique veut nous chasser totalement du Nouveau-Monde, suivant le plan de Monroë, et elle y a avantage, si la Prusse veut s'emparer des positions maritimes de l'Allemagne pour être une puissance formidable, et il y va de son intérêt, si la Russie veut passer et dominer à Constantinople, et certes elle n'y a pas à perdre, ce sera une nécessité pour les trois grandes puissances, à moins que cela ne soit déjà fait, de former, en dépit de protestations contraires et de divergences extérieures, une coalition comme jamais il n'en a existé sur la surface du globe, de la

---

(*) Nous croyons inutile d'insister davantage ; chacun peut tirer les conclusions et se convaincre que si ces aberrations doctrinales étaient fondées, non-seulement la morale n'aurait aucun frein, mais le bien serait impossible et le mal nécessaire.

mener à bonne fin d'abord contre nous, et plus tard contre toutes les races latines ; et puis, quand l'Angleterre serait réduite dans son île, isolée par le moscovisme du côté de l'Orient, éliminée des États-Unis par les Américains ; quand la France, puisse un tel malheur être détourné ! quand elle aurait subi le sort de sa sœur la Pologne ; quand l'empire autrichien aurait été absorbé par les éléments germanique et slave ; quand l'Italie, déchirée par ses propres dissensions, minée de toutes parts, se serait effondrée dans le goufre de la banqueroute et dans le cratère des soulèvements populaires, ce serait encore une nécessité pour les deux énormes puissances du Nord d'en venir aux mains après la victoire, afin de fondre toutes les unités politiques dans une seule unité et de réaliser le projet et les vœux de nos réformateurs unitaires.

Est-ce que du moment qu'il n'y a ni âme, ni Dieu, ni rapports entre eux, du moment qu'il n'y a plus que des organes avec des instincts de conservation individuelle et de propagation de l'espèce animale, il peut y avoir de la justice ici-bas ? Et s'il n'y a pas de justice, est-ce qu'il peut y avoir un droit des gens, un droit international, une morale sociale pas plus qu'une morale individuelle ? Est-ce que la foi jurée peut être sincère ? Les traités peuvent-ils être sérieux ? Y a-t-il une responsabilité ?

Il n'y a plus pour les individus et pour les nations que des actes en rapport avec les besoins, des jouissances à satisfaire, des intérêts en jeu et des forces à-l'affût de ces intérêts ; et comme les penchants sont loin d'être atténués dans la nouvelle doctrine, comme rien ne modère et ne discipline les passions, comme au contraire l'exaltation cérébrale est à l'ordre du jour, de même que l'orgueil, comme il faut de l'argent et toujours de l'argent, des plaisirs et toujours des plaisirs, du luxe, des voluptés organiques, comme il ne s'agit pas seulement de se conserver, de se perpétuer, mais de s'étendre en tout et pour tout, de monter et de monter encore, de s'annexer, de dominer individuellement et collectivement, on conçoit ce que devront être, avec les résultats des sciences nouvelles, les moyens moraux sous le régime nouveau, la morale nouvelle, la politique nouvelle, l'ère nouvelle de l'humanité.

Affranchie des lois de la conscience et des lois divines, des principes qui ont fait la vie et la grandeur réelle des sociétés, libre et dégagée de tout frein, n'ayant même pas, pour se maintenir dans le devoir, pour harmoniser ses penchants, la pulpe cérébrale ou les morceaux de substance nerveuse de nos savants du jour, pleine d'elle-même, confiante dans ses propres forces et dans les puissances qu'elle a arrachées à la matière, confiante dans l'arithmétique qu'on a bien voulu lui laisser pour s'apprécier par la valeur du nombre, enflée de ses succès dans l'ordre matériel, ivre de jouissance et voulant toujours jouir, dévorée par la fièvre de l'ambition qui surexcite son système nerveux, que va donc enfin devenir, dans la période moderne, cette humanité couronnée de fleurs et de lauriers qui ne veut plus adorer qu'elle-même et qui se croit quelque chose tel qu'un Dieu?

Que va devenir la patrie, cette vaillante et généreuse France qui était le soldat du Très-Haut sur la terre, le cœur de l'humanité, le centre attractif de toutes les nations, et vers laquelle accourent encore aujourd'hui tous les peuples et tous les monarques pour la contempler et se contempler avec elle dans les magnificences de la matière, sous les éclats factices d'une civilisation de surface?

Où vont ces générations humaines avec leurs mœurs, leurs langues, leurs religions diverses, qui se précipitent avides de voir et de jouir, et convergent, pour un rendez-vous inouï de tous les points du globe, lancées qu'elles sont par la vapeur, vers un point central où trône le lingot d'or, au milieu de ce palais de l'industrie, dans ce Paris, la capitale des capitales?

Cette humanité, pour peu que les choses aillent leur train, deviendra ce qu'est devenue l'humanité qui s'appelait Sésostris, Nabuchodonosor, Cyrus, Périclès, Confucius, Alexandre de Macédoine, César Auguste, ce qu'est devenue l'humanité hébraïque, assyrienne, juive, grecque, romaine, toute humanité qui s'est séparée de Celui qui, l'ayant créée, peut seul la soutenir dans sa dégénérescence et dans ses chutes de tous les instants, la relever et la faire sûrement progresser jusqu'à lui.

C'est une loi de l'histoire générale et un de ses enseignements qui devrait être buriné dans l'intelligence de tous ceux qui sont appelés à gouverner, à savoir : que la force de développement des nations, leur puissance virtuelle et effective est en raison directe du degré de foi qu'elles ont dans la Divinité, l'âme immortelle, leurs rapports, les dogmes et toutes les vertus qui en découlent. Ces croyances peuvent être plus ou moins altérées, les attributs divins plus ou moins méconnus, appréciés diversement, plus ou moins défigurés ; Dieu, dans la pensée de l'humanité, peut plus ou moins ressembler au véritable Dieu; le culte qu'on lui rend peut être plus ou moins pur, ses préceptes plus ou moins l'expression de son idée, la morale plus ou moins saine, tous les éléments de la vérité plus ou moins ce qu'ils doivent être, le spiritualisme, en d'autres termes, peut être plus ou moins parfait; toujours est-il, et c'est une évidence qui n'échappe à aucun œil qui veut regarder, que toutes ces choses ont toujours été et seront toujours les fondements des sociétés, leur éternel honneur et la cause efficace de leur suprême progrès. Au contraire, une des causes radicales de décadence, c'est la diminution de la somme de ces mêmes choses; leur disparition, si elle était totale, serait la ruine totale, comme aux temps de Ninive, de Sodôme et du déluge universel.

Le matérialisme, qui est la négation de ces principes ou plutôt qui leur est opposé, est donc la mort des sociétés.

Rien ne se vérifie comme cette grande et immuable loi de l'humanité; elle est gravée partout, et, dans notre siècle d'observation, elle s'impose partout à l'observateur; elle est inscrite sur le sol des sociétés qui ne sont plus; tous les monuments la rappellent, et une main invisible la trace en caractères indélébiles jusque dans le sein du palais de l'Exposition, sur l'autel archéologique, dans le sanctuaire du luxe et dans les salles du trône de nos monarques babyloniens.

Parcourez les contrées où ont vécu et resplendi les nations d'avant Jésus-Christ, sur les bords du Tigre et de l'Euphrate, dans la vallée du Nil, par delà ces régions, sous le ciel de la Grèce et de l'Italie. Ces nationalités qui avaient pour assises l'élément religieux, comme le disaient Plutarque et Cicéron, et comme l'atteste l'histoire, qui s'étaient développées sur ces fondements, qui avaient tout attiré à elles, qui avaient brillé dans l'astronomie, l'agriculture, les arts, la médecine, la littérature, qui avaient découvert les mathématiques, si puissantes par les armes, par la parole, qui avaient créé les sept merveilles du monde, qui possédaient des académies, des cirques olympiques, où sont-elles? Où sont ces civilisations si avancées? Où le peuple que s'était choisi Jéhovah? Où Babylone, Tyr, Ninive, Memphis, la vieille Thèbe? Que sont devenues Athènes, Jérusalem, Alexandrie, Carthage? Où est cette tribune du haut de laquelle Démosthènes lançait ses philippiques sur des flots d'éloquence? et ces jardins de l'Académus que fréquentaient des philosophes renommés, où sont-ils? Où est ce type attique avec ces riantes vallées, ces cours d'eau poétiques et toute cette nature si belle? Des ruines, des tombeaux, la poussière du désert, parfois presque rien, nulle vestige; des races étrangères, barbares, dégénérées, un sol et des villes en rapport avec ces barbaries, ces dégénérescences, voilà ce qui reste de cette fameuse humanité!

Et toutes ces extinctions, toutes ces dispersions, toutes ces affreuses transformations se sont opérées ici quand on sacrifiait d'une manière persistante au veau d'or, à Baal et à la chair ; là, quand on n'adorait plus qu'un bœuf ou qu'un crocodile ; ailleurs, quand on allait jusqu'à diviniser les passions ; partout, quand on débordait d'orgueil et de jouissances.

On sait, en effet, comment finit Sardanapale au milieu de l'orgie ; comment dans la plénitude de l'orgie de l'orgueil finit Nabuchodonosor ; comment Sennachérib, Antiochus, Alexandre-le-Grand et tant d'autres, furent précipités des sommets de la gloire humaine, comment tous ceux qui ont osé entrer en lice avec Dieu, s'égaler à Dieu, se faire rendre les honneurs dus à Dieu, ont été pulvérisés !

Il fut une époque où une nouvelle crise se fit sentir au sein du genre humain, plus grave, plus générale, plus solennelle que toutes celles qu'il avait subies dans le cours des siècles. Le grand orateur philosophe de Rome, qui résumait l'antiquité intellectuelle, était monté à la tribune ; il avait dit ces paroles mémorables : *Citoyens, les dieux s'en vont, la République est perdue.* César, le politique, le conquérant incrédule, avait pesé sur le monde, et, avec César, la prophétie de Cicéron s'était accomplie : le règne de la force organisée savamment était consommé. Après César, arrive Auguste, et l'empire est fondé ; et, avec l'empire, c'en est fait non-seulement de la République et de la liberté, mais des vertus républicaines et des bases religieuses que Numa Pompilius avait jetées dans les fondations de la Cité célèbre. Rome avait tout envahi ; son aigle tenait sous ses serres tous les peuples connus. C'est alors que, pour me servir de l'expression de son historien Tacite, le rôle de cette humanité romaine se réduit à être corrompue et à corrompre, *corrumpi et corrumpere* : des vices innomés, des divinités sur le trône sous forme de monstres humains, d'immenses troupeaux d'esclaves, les nationalités enchaînées au char des triomphateurs, des impudicités sans pareilles, des fêtes et des amphithéâtres où l'on se joue de la vie humaine, des actes de folie et d'audace contempteurs ; et, au lieu des Horace, des Virgile, des Cicéron et des Hortensius, des histrions, des poëtes de bas étage, des rhéteurs, des philosophes de la négation, le système des atômes crochus comme explication de la formation des mondes, le matérialisme le plus abject, le plus généralisé au centre des monuments de la grandeur matérielle, de cette organisation merveilleusement combinée, de ces efforts de la pensée humaine conspirant pour s'éterniser, de ces espérances ou mieux de ces convictions du peuple-roi qui croyait à ses destinées impérissables. Alors une ère nouvelle était aussi, une unité politique comme jamais on n'en avait vu, alors une centralisation inouïe avec une puissance d'absorption et de domination sans égale !

C'est dans ces jours que Dieu se souvient de son antique promesse et qu'il envoie son Fils unique, l'unique et véritable Dieu-Humanité, pour créer un monde nouveau, un règne nouveau, pour régénérer la race humaine et la faire monter à Lui.

Celui dont la vie et la mort sont d'un Dieu, d'après Jean-Jacques et d'après tous ceux qui étudient attentivement, qui opéra cette merveille, c'est-à-dire qui affranchit l'humanité de l'esclavage, qui changea le monde ancien en monde nouveau, qui, principe de toute vie, dompta la mort dans sa personne et celle de Lazare, fut plus fort que la mort, Celui-là apparut dans la Judée, méconnu, insulté, crucifié. Son sang coula ; mais du Calvaire il s'infusa dans les veines du vieux monde, et ses vertus enfantèrent des prodiges. Les apôtres du divin Supplicié vinrent à Rome, et la lutte s'engagea, lutte de la faiblesse apparente contre la force démontrée, de l'humilité contre l'orgueil, de la chasteté, de la dignité humaine, de toutes les vertus radieuses contre les dépravations et les vices monstrueux, combat à jamais fameux qui coûta bien du sang d'un côté, qui fit jaillir bien des vertus, combat divin dans lequel, après de longues et dures années, le Christ *triomphe, règne et commande.*

Rome ne subit point la loi commune ; loin d'être effacée, elle devient la reine des cités, le centre de la religion nouvelle, des gloires et des aspirations nouvelles, et, comme elle avait marché à la conquête des corps sous le régime de la force, sous le règne nouveau, le règne de l'esprit, elle marche à la conquête des âmes à Jésus-Christ.

Qui a suivi dans l'histoire les destinées de la Rome chrétienne et n'en a pas compris le caractère providentiel, a fait preuve de peu de vue. Il a manqué de clairvoyance celui qui n'a pas compris comment il s'est fait que non-seulement elle a survécu à elle-même, mais qu'elle s'est surpassée, comment de la ville des Césars elle est devenue la ville des Papes, comment, au lieu de quelques sages isolés, elle a enfanté des multitudes de saints, comment à la place des ténèbres elle a produit la lumière, comment en face des dégradations du paganisme elle a mis au grand jour des vertus héroïques. La France, dans ses plus grands représentants, ne s'y est pas trompée ; elle a consolidé sa nouvelle puissance et mis son épée à son noble service. Voilà pourquoi la France de Charlemagne qui avait donné a tant reçu ; voilà pourquoi elle fut la nation prédestinée dans la mesure que Rome était la cité prédestinée ; voilà pourquoi Dieu fit tant et de si grandes choses au moyen de la France, la fille aînée de son Eglise.

Dire tout ce que la Rome du Christ a fait depuis 18 siècles dans l'humanité, dépasserait singulièrement le cadre que nous nous sommes tracé. Si sa fonction principale a été de manifester la loi du Sinaï, de garder la morale évangélique, de conserver intact le droit absolu, de le développer, de prendre les moyens de le faire observer, si, dépositaire des trésors sacrés, elle a dû avant tout s'occuper du divin, si sa mission capitale a dû être et a été de le faire rayonner, d'en pénétrer le cœur de l'humanité, et partant de viser à l'essence de son être, à sa partie spirituelle, on peut affirmer, malgré des assertions contraires et passionnées, qu'elle n'a point trop négligé les autres faces de cette même humanité. N'est-ce pas elle, en effet, qui a sauvé les monuments des lettres et des arts anciens ? N'a-t-elle pas établi ses édifices au milieu des édifices païens, tout en les respectant ? N'est-ce point sous son impulsion que l'agriculture s'est développée avec les sciences utiles ? Et puis quelle est donc la puissance, si ce n'est celle de la Rome chrétienne, qui s'est opposée à l'invasion des Barbares, aux césarismes allemand, moscovite, parisien, qui s'oppose encore et toujours aux excès de l'arbitraire, aux spoliations, à toutes les iniquités ? Si elle n'a pu arracher d'une manière définitive le tombeau du Christ à l'Islamisme, elle lui a arraché son cœur, le cœur de Jésus, et l'a donné à l'Europe. Les mains pleines des ressources que Dieu a apportées à la terre, elles les a largement ouvertes sur le monde ; ses soldats, armés de la croix, ont traversé toutes les mers, ont franchi tous les monts, et, en se sanctifiant, ils ne se sont jamais lassés de sanctifier. C'est par sa sagesse que tant et de si grandes difficultés se sont aplanies ; comme jadis la tribu de Juda parmi les tribus, elle a maintenu l'équilibre dans les différents États européens. Le système des grandes agglomérations par la violence et par la conquête n'a jamais été son fait. Contre elle se sont brisés les Césars de Byzance, comme s'étaient brisés les Césars du Capitole, comme s'est brisé le César de Paris, comme se briseront tous ceux qui entreprennent, soit par la force, soit par le machiavélisme, de l'asservir et d'asservir les peuples. Elle seule a connu ces choses si peu connues : l'autorité et la liberté, l'égalité et la fraternité ou la charité ; elle seule les a définies et les a pratiquées. C'est grâce au Christianisme, dont Rome a été le foyer le plus actif, que les nations européennes, liées entre elles par le droit chrétien, marchaient progressivement vers des hauteurs inconnues aux siècles passés.

Jusqu'à la venue de l'Homme-Dieu, si l'on excepte la race hébraïque et juive, qui compte une série de beaux caractères, s'inspirant de la religion et fidèles à Jéhovah, les peuples ne connaissaient guère cette plante céleste qu'on appelle la sainteté; elle croît et se multiplie d'une manière extraordinaire depuis le mystère du Golgotha; et chose qu'on ne saurait contester, tandis que chez les peuples de l'antiquité ce n'était qu'isolément, çà et là, d'une manière intermittente et à de grands intervalles, qu'un génie brillait, qu'un art brillait, qu'une science brillait, qu'une industrie brillait, depuis le Christ les nations catholiques, et la France plus que toutes les autres, ont brillé dans tous les genres. D'une manière générale et malgré quelques défaillances inhérentes à la nature humaine et toujours prise en dehors des inspirations de la vraie foi, on constate ce phénomène : la sainteté fonctionnant sans exclure le génie. Vous avez été l'épanouissement de la sève chrétienne, vous tous grands artistes et grands philosophes de tous les pays, vous qui illustrez ce 17e siècle, et notre civilisation actuelle, tant vantée dans ce qu'elle a de beau et de bien, n'est autre chose que l'expression de cette force divine qui découle du Calvaire et passe par la Rome du Vicaire de Jésus-Christ. L'Europe montait, et tout ce qui reflétait son génie dans les autres continents montait aussi ; et, qu'on le remarque, alors qu'elle faisait son ascension, le sol foulé par saint Augustin, par Constantin et par le Christ lui-même, devenu la conquête de Mahomet, se stérilisait : la religion sensuelle du Prophète déprimait les peuples et produisait ce que l'on sait, la barbarie ; en deçà de l'Euphrate, comme par delà, jusque dans l'extrême Orient, les ténèbres se produisaient avec le despotisme oriental, et avec le schisme et l'hérésie s'est préparé ce que nous voyons du côté de St-Pétersbourg, de Londres et de Berlin.

L'Europe florissait donc, quand déjà la voix de la rébellion, celle d'un moine apostat, voluptueux, intempérant et orgueilleux, s'était fait entendre contre la Papauté ; quand Voltaire, *ce singe de génie*, comme l'appelle Victor Hugo, qui faisait la cour à Frédéric de Prusse, à Catherine, la partageuse de la Pologne, qui rimait pour la Du Barry, courtisan de courtisanes, qui se moquait du peuple, déclare la guerre à l'Infâme et appelle Rome Babylone, lui, ce roi des voluptueux ; quand 89 éclate, 89 qui est l'expression, sous le double rapport politique et philosophique, de la plus haute raison humaine et qui est la démonstration expérimentale de ce que devient cette raison quand elle fait acte de scission, comme la révolution l'a fait, avec la Raison divine, et qu'à ce crime elle ajoute celui d'attaquer les institutions religieuses ; quand, avec le 18e et le 19e siècle, des philosophes de la négation dogmatisent en Allemagne, en France et ailleurs ; quand, avec des docteurs d'aujourd'hui, encore plus que d'hier, on en revient aux atômes d'Épicure et de Lucrèce, aux *éléments anatomiques*, c'est le mot, et que dans la pratique on organise la religion de la matière et des organes ; quand enfin on arrive à proclamer la divinité de l'humanité, comme le font Littré, Renan et compagnie.

Il y a parfois dans les noms qui font du bruit ou aspirent à en faire quelque chose de significatif. Celui de M. César Lefort, de la *Réforme médicale*, est prodigieux. Je trouve que dans le nom de M. Renan il ne manque qu'un iota pour faire un renégat, et qu'il n'y manque rien dans l'idée pour faire un apostat. Je n'ai pas eu l'honneur de l'analyser en face et de saisir sa vue par ma vue ; mais la photographie m'a procuré le triste avantage de le contempler, et j'ai pu saisir, dans la physionomie de ce souple et hardi négateur, quelque chose du reptile et de l'antique serpent.

Comme dans les premiers jours du monde, et plus que dans ces jours, le génie du mal souffle ces paroles menteuses aux hommes : *Si vous mangez du fruit de l'arbre de la science, la matérialiste, non-seulement vous ne mourrez pas, mais vous serez comme des dieux, sicut dii eritis.*

La démocratie égalitaire qui élève une statue à M. de Voltaire, l'aristocrate et l'ami du despotisme, quel contre-sens ! l'engouement et des applaudissements pour des apostats et de vils écrivains dans le pays des Francs, quelle infamie ! des masses de citoyens qui donnent dans des négations et des systèmes d'athéisme, quelle folie et quelle calamité ! Nos pères savaient résister ; ils se sont montrés réfractaires, au 16e siècle, aux idées de Luther, et nous, nous nous laisserions entamer non-seulement par le rationalisme, mais par le matérialisme le plus cru, le plus osé, le plus radical, le plus destructeur, et qu'on répand actuellement dans les couches populaires ! Quand donc les gouvernements, qui sont nos tuteurs et qui sont responsables, comprendront que laisser niveler l'idée religieuse, c'est se niveler eux-mêmes et niveler les sociétés !

Si M. Renan eût vécu sous les républiques de l'antiquité, aux temps de leur splendeur, en l'obligeant à descendre de sa chaire de professeur, au lieu de lui confier de nouvelles fonctions importantes et salariées, l'Etat, par instinct conservateur, l'eût fait conduire la verge à la main au delà de ses frontières pour lui apprendre à respecter la religion du pays. Si MM. Robin et consorts eussent vécu sous Athènes et Rome, ils eussent été chassés du territoire, au lieu d'être chargés d'honneurs et de budget ; ils eussent été dégradés au lieu d'être décorés, MM. Taine, Rouget, Martins et toute la phalange matérialiste-athée ; M. Littré eût subi la rigueur des lois ; certains journalistes, certains philosophes, ces littérateurs, ces publicistes, ces gens de théâtre, décorés, rétribués, subventionnés, eussent été châtiés ; ces professeurs de faculté, ces universitaires qui se moquent de la religion, de son auguste représentant, eussent été punis ; et, si une espèce d'artiste en littérature, qui ne voit que la forme des choses, se fût permis au Sénat ce qu'il s'est permis, il eût perdu plus que son traitement de trente mille francs. Cet académicien-sénateur, ce moraliste à la recherche d'une morale nouvelle, ce grand cœur d'un genre nouveau, a poussé l'inconvenance et la démence jusqu'à dire à la tribune que le défroqué de Saint-Sulpice, qui s'efforce de tuer dans les âmes la Divinité du Christ, était un *honnête* homme, *estimé* d'un empereur qui communie avec le Christ-Dieu, et que lui, Sainte-Beuve, il avait été choisi et envoyé par Sa Majesté chrétienne pour faire entendre une *note disonnante* dans la haute Assemblée. Il a fait plus encore, avec les deniers que nous lui donnons, il a, le Vendredi-Saint, fait un banquet sacrilége, et, dans cette manifestation, dans ce défi porté à la France catholique, il s'est exalté à ce point que sa verve impie s'est épanchée en plein Sénat, avec un ton dogmatique et une audace inouïs.

L'ostracisme, en matière religieuse dans les républiques païennes de l'antiquité, quel sujet de graves réflexions pour nos gouvernements qui se disent chrétiens ou catholiques !

Mais que veulent donc tous ces Catilina de l'impiété qui sapent ce qu'il y a de plus sacré et ce qui est le *substratum* des sociétés vivantes ? Quand on voit tant d'éléments de dissolution, on se demande comment l'édifice social peut encore être debout, comment notre patrie peut ne pas sombrer, et l'x de l'algèbre politique se pose invinciblement avec sa terrible équation.

On a dit que nous avions le privilége de vivre sous Auguste, comme les Romains après la République. Triste privilége ! car si les situations devaient être les mêmes, après Auguste nous aurions Caligula, et, après Caligula, Néron. Je vois bien, sur une même tête, dans des proportions énormes, ce mélange de bien et de mal, cette vaste pensée du génie, ce géant extra-ordinaire qu'on peut appeler le César des temps modernes ; sous le règne actuel, je recherche Mécène, et je ne le vois point, pas plus que je ne vois ces talents et ces gloires qui lui faisaient cortége et l'illuminaient. De ce colossal empire improvisé par notre grand capitaine, je vois à peine la

France dans ses limites d'autrefois ; le torrent est rentré dans son lit, tandis qu'après le conquérant des Gaules, le vainqueur de Pharsale, le débordement des flots envahissants persista : Rome se trouvait au centre d'immenses annexions, et elle exerçait sur les peuples une attraction et une assimilation en raison de l'énergie de sa masse et qu'elle conserva longtemps encore. Comme les corps qui obéissent aux lois de la gravitation, ainsi les peuples entraînés par elle, subjugués, gravitaient autour d'elle et vivaient de son propre mouvement. — Et qu'on n'objecte point que si nous avons perdu le terrain, matériellement parlant, nous l'avons maintenu ou élargi moralement. Les influences morales dans le système qui domine de nos jours, au temps de la vapeur et des agents matériels, sont au bout des canons de fusil, du nombre des bataillons en ligne, des engins de la matière, de toutes les combinaisons desservies par la force : témoins la déclaration officielle et la réclamation de plus d'un million de soldats ; témoin ce qui s'est passé au Mexique, ce qui s'est passé en Allemagne, ce qui s'est passé en Amérique, ce qui s'est passé et se passe en Italie, ce qui se passe et se passera partout. On avait dit la paix, et c'est la guerre ; on avait dit désarmement, et c'est l'armement général ; on avait dit économie, et c'est l'aggravation des budgets ; on avait dit crédit, et les capitaux tremblent ; comme on avait dit la vie à bon marché, le bien-être matériel et moral, et c'est la cherté des choses de première nécessité, comme c'est le marasme sous tous les rapports ! Et cela, malgré les efforts constants, malgré l'Exposition, malgré des trèves à la guerre, malgré M. Duruy, qui pense avoir appris dans l'histoire l'art de gouverner, malgré les souverains qui se visitent et s'embrassent, malgré tout ?

Il y a dix ans, je comparais dans l'espèce humaine le mal physiologique en ce qu'il a d'organique et d'héréditaire avec le mal moral dans son fond et son aggravation par les produits des siècles ; je constatais que la médecine, malgré ses lumières et ses travaux depuis trois mille ans, était impuissante, et que vis-à-vis du mal moral, autrement plus grave, plus incurable, la philosophie et tous les moyens humains étaient également impuissants. Si donc le vaste cancer des âmes, qui avait plongé ses racines dans les entrailles de l'humanité sous le règne de Tibère, avait trouvé sa guérison, comme il la trouve depuis par les moyens que le Christ a fournis, il était de rigueur, disais-je alors, de conclure à la Divinité du Christ : La cure de l'humanité par le Christ au point de vue moral prouve sa Divinité.

Actuellement, comme du reste dans les grandes circonstances historiques, mais plus que dans aucune autre, le spectacle qu'offrent les nations ne semble démontrer Dieu et sa Providence.

Si jamais, en effet, les politiques ont eu à leur disposition tous les éléments humains pour gouverner, c'est bien à notre époque qui les récapitule tous, qui possède avec les siens propres ceux des âges et des gouvernements passés. Jamais, si ce n'est aux jours de la décadence romaine, on a tant légiféré qu'aujourd'hui, jamais tant de moyens de faire observer les lois, les décrets, jamais tant de réglementation, jamais tant de documents, de doctrines ; toutes les données nettes et saines, comme toutes les données des Machiavel et des Malthus sont connues, tous les essais ont été tentés, toutes les forces déclarées ou occultes ont été mises en activité, toute la nature matérielle a été sollicitée, toutes les ressources de l'intelligence ont été et sont plus que jamais déployées pour équilibrer les rapports des citoyens entre eux et des nations entre elles ; et pourtant, tandis que le progrès est proclamé, tandis qu'il semblerait qu'on dût se confier dans l'avenir, que tout semble affermir le présent, une parole tombe de haut qui s'adresse aux têtes couronnées, elles les convie à un congrès, elle leur dit : *Ne vous laissez point surprendre par des événements qui vous troubleraient dans vos conseils* ; et voilà qu'au milieu de tous les déploiements de la force, de toutes les organisations matérielles les plus imposantes, l'Europe, la vieille Europe, le monde entier, s'émeuvent et tremblent ; voilà que les prudents du siècle ne savent plus où se prendre, que l'on se recherche de toutes parts, que sous la doctrine du fait accompli on sent, les peuples sentent qu'ils sont à la merci d'un événement ; voilà que l'humanité chancelle dans son audacieux orgueil, et si des complications graves éclatent elle se signalera par un déraillement immense.

Pourquoi cette humanité, que nos réformateurs proclament Dieu et toute la Providence de Dieu, regarde-t-elle à tous les points de l'horizon ? Pourquoi ne dirige-t-elle pas les événements ? Pourquoi craint-elle des disettes, des temps d'arrêt dans ses affaires ? Pourquoi a-t-elle donc peur enfin et ne marche-t-elle pas d'un pas solide vers ses destinées, à travers les jouissances et dans la majesté de sa force ? Ah ! c'est parce qu'elle s'est séparée de Dieu, de sa sagesse, de sa puissance, de ses vertus ; c'est parce qu'à la force, à la science, à la vertu divines elle a substitué ses propres forces, sa propre science et son unique vertu ; c'est parce qu'elle a nié Dieu, qu'elle a attaqué son Christ et son Vicaire sur la terre, et, qu'en attaquant son Christ et son représentant, elle a fait du mensonge et fabriqué du mal. Son centre de gravité qui est Dieu lui manque ; voilà pourquoi elle penche et chancelle. Dieu s'est ri d'elle, il l'a laissée faire ; il s'est ri et se rit de ses faux sages ; mais comme il ne peut abdiquer dans le gouvernement du monde, il se montre comme il s'est toujours montré, il étend la main, il frappe, il confond et confondra les superbes.

Un homme qui projette de la gloire sur son pays et sur l'Église, un grand écrivain, le plus pur des polémistes, un des évêques les plus éminents, qui n'a point étudié l'histoire au même point de vue que nos ministres de l'instruction publique, qui ne juge point comme eux, qui se place à des hauteurs où se plaçait Bossuet, l'aigle d'Orléans, comme un sénateur qui n'est point M. Sainte-Beuve l'a nommé, Monseigneur Dupanloup, a vu le doigt divin dans les fléaux du temps et l'a signalé.

Il a mille fois raison, l'homme prélat. Sa thèse s'appuie sur l'expérience historique, qui nous enseigne que si les individus peuvent être épargnés leur vie durant, les nations, en tant que nations, ne le sont jamais dans leurs prévarications contre la loi divine. Chez le peuple juif, le châtiment suivait le crime national, et, dans les temps modernes, il me semble qu'il ne se fait guère attendre. La France a déjà en 93 expié le crime de son voltairianisme, Bonaparte a expié son crime de Fontainebleau, Louis-Philippe celui de son matérialisme (*), l'Espagne et le Portugal expient leur relâchement dans les choses religieuses, l'Italie expie et expiera ses violences, ses attentats impies et ses perfidies politiques, l'Autriche vient d'expier son Joséphisme, l'Angleterre commence à sentir les effets de son système anti-catholique et ultra-égoïste, les différents petits Etats allemands paient assez cher l'athéisme de leurs philosophes et de leurs ministres, la Prusse expiera ses abus de la force. La patrie d'Hegel et de Frédéric II ne peut triompher longtemps ; elle est dans ce moment la verge dont se sert le Tout-Puissant ; elle aura inévitablement son tour, Toute l'Europe paiera avec usure sa lâche défection vis-à-vis de l'Église, qui l'a faite ce qu'elle était. Dieu prendra le knout moscovite et tartare et fustigera l'Europe ; il déchaînera sur elle les Barbares du dehors, tandis que dans son sein la civilisation athée lui prépare les Barbares du dedans.

Le choléra, les épizooties, les maladies des végétaux, les inondations,

(*) Napoléon III vient de payer et de faire payer à la France, qui avait été complice avec lui, son double parjure comme président de la République et comme signataire du traité de Villafranca.

les sauterelles, les tremblements de terre, les guerres extraordinairement meurtrières sont comme les signes précurseurs et rappellent assez les larges plaies d'Égypte et toutes les grandes calamités de la terre souillée par de grands crimes.

Dans mon premier travail contre le matérialisme théorique et pratique, j'ai, l'an 1857, imprimé ces mots :

« Quand dans un pays on ne vit plus que pour boire, manger, vendre,
« acheter et jouir de la jouissance des organes, le niveau de la moralité
« s'efface, la vie humaine décroît; c'est le temps du déluge, des pluies de
« soufre, des sept plaies, de la dispersion des tribus; c'est le moment des
« épidémies, de la famine, des guerres désastreuses. La Justice éternelle
« réagit alors pour revendiquer ses droits contre l'injustice des hommes ;
« Jéhovah étend sa droite pour renverser dans la poussière ces millions
« de petits dieux qui veulent escalader le Ciel, et la vengeance céleste
« éclate même ici-bas par toutes sortes de catastrophes et de révolutions. »

Ces lignes me paraissent s'appliquer à nos temps actuels.

Oh ! mon pays, quand dans ces dernières années, fidèle à ton devoir et à ton plus pur honneur, tu reprenais le chemin de Rome, tu ramenais dans ses murs son Pontife, tu montais la garde au Vatican, et couvrais de ton égide Celui qui représente la justice et le droit ici-bas, ton nom semblait rajeunir, il se relevait et allait jusqu'aux extrémités de la terre ; tu triomphais à Sébastopol, tu plantais la croix dans la capitale de la Chine, et, continuant le projet du vénéré Pie IX, qui avait été de délivrer l'Italie du joug de l'étranger, tu t'élevais jusqu'aux hauteurs solfériniennes. Le cours des eaux fangeuses et dévastatrices avait été suspendu à Bordeaux ; Dieu précédait tes zouaves, il marchait sur la droite de tes bataillons, et tu en imposais à l'univers entier! Hélas ! hélas ! depuis Solférino qu'as-tu fait? et qu'as-tu laissé faire vis-à-vis de l'épiscopat, de la papauté, de la religion de Jésus-Christ ? Ces eaux malsaines et corruptrices qui descendent des philosophes du 18e siècle et remontent encore plus haut, qui débordent sous Louis XVI, qui croupissent sous l'Empire et la Restauration, qui se répandent sous les d'Orléans, s'accumulent par eux et sous eux dans certains réservoirs pour de là verser leur trop plein dans une foule de courants, qui arrivent à former un triste fleuve, le fleuve de l'opinion, tu les avais un instant fortement endiguées. Au lieu de les laisser s'évaporer sous les rayons du soleil de la vérité et de ta puissance, au lieu de les dissiper et de les faire dissiper aux chaleurs et aux clartés de la foi religieuse, qu'en as-tu fait? Tu les a lâchées, et, avec l'impétuosité et la fureur d'un torrent retenu et qui ne trouve plus d'obstacle, elles ont fait invasion partout, et partout elles ont porté le ravage dans les âmes.

Solférino serait-il le dernier terme de la gloire française, et l'exposition de mil huit cent soixante-sept serait-elle le dernier reflet de la civilisation européenne?

S'il est vrai que l'on peut juger du degré de civilisation des peuples par l'état où se trouve leur littérature, il faut avouer que nous sommes descendus bien bas. Toujours les mêmes causes ont amené et amèneront les mêmes effets. Pourquoi se faire des illusions? Pourquoi se mentir à soi-même? L'infaillible logique de l'histoire nous dit assez ce que nous devons être et ce que nous serons si nous persévérons dans les voies ténébreuses, équivoques, en dehors des vraies doctrines, des principes immuables du droit.

Un savant, qui a rempli l'Europe de sa juste renommée, ex-répétiteur à l'École polytechnique, et qui a pu voir de près Auguste Comte, également répétiteur à cette école en même temps que lui, qui a occupé et qui occupe encore les plus hautes positions, ancien vice-président du Conseil supérieur de l'instruction publique, ancien ministre, esprit non-seulement analytique, qui s'est élevé dans une séance de l'Institut à l'idée de la substance, qui croit en Dieu comme Newton, et qui serait chrétien s'il eût étudié la matière religieuse comme il a étudié la matière organique, qui osait, louable exception! par le privilége du bon sens et des plus hautes facultés, prononcer dans ses cours le nom de Dieu, qui n'a point laissé passer les générations spontanées et qui s'élèvera avec son autorité scientifique contre les transformations des espèces ou les théories darwiniennes, cet illustre savant m'écrivait, et me parlant du chef du positivisme, de ce Comte ironiquement Auguste, il l'estimait digne de Charenton; il ajoutait que ses adeptes, si on les laissait faire, nous conduiraient à quelque chose de pis que chez les Chinois.

Le positivisme, par malheur, a fait de grands progrès depuis 1830, plus que ne le pense M. le sénateur Dumas. Il est, je l'ai démontré, je crois, dans mon livre *la Médecine dans ses rapports avec la Religion*, la dernière étape du rationalisme. Il a envahi les ateliers, et, si l'habitant des campagnes en ignore les formules, trop souvent il est plein de l'idée-mère de ce système qui se résume ainsi : Ni âme, ni Dieu, rien au-delà de la vie, des organes et des intérêts matériels avec la jouissance organique. *Nous avons*, dit M. Littré, *des intelligences jusque dans la place.* Cette doctrine est dans l'atmosphère que nous respirons ; nous la pratiquons plus ou moins, et quelquefois à notre insu ; les gouvernements la pratiquent, et voilà pourquoi nous sommmes en droit de répéter le cri de Cicéron : *La Patrie est en danger*, l'Europe est en danger, l'heure de la décadence a sonné pour les nations européennes. — Oui, l'heure a sonné, et l'aiguille ne fera que marcher sur le cadran des destinées humaines, à moins que Dieu ne l'arrête et ne la fasse rebrousser sur les degrés du temps.

Il faut avoir une double cataracte et bien opaque pour ne pas découvrir ce qui se passe dans les sociétés secrètes, parmi les solidaires, dans tous ces comités, tous ces meetings, dans toutes ces conspirations, comme dans tous ces assauts livrés à l'autorité religieuse et civile. Tous les jours, une presse infernale met le feu ou essaie de mettre le feu à l'Europe. Nous avons vu sur les barricades de juin le commencement de la guerre sociale. Cette guerre est loin d'être étouffée : les haines, avec les convoitises, s'accumulent dans les cœurs, et il nous est impossible de ne point saisir ce que l'urne électorale nous réserve parmi ceux-mêmes qu'on favorise le plus et qu'on espère gagner. On se trompe cruellement si l'on prétend remplir la capacité digestive de multitudes qui ne croient qu'à la jouissance, et l'on se méprend singulièrement sur l'essence de la nature humaine si l'on croit pouvoir satisfaire les besoins du sensualisme. Ces besoins sont indéfinis comme les désirs : plus vous accordez à la panse, plus elle réclame ; plus vous accordez à la fibre nerveuse sensitive, plus elle exige ; plus vous multipliez les impressions pour les sensations, plus il faut les multiplier. L'humanité se blase des plaisirs d'aujourd'hui, des impressions d'aujourd'hui ; elle appète pour demain des plaisirs nouveaux et des impressions nouvelles, elle flaire pour les aspirer, elle dilate toutes ses papilles, elle veut jouir par toutes ses surfaces nerveuses internes et externes. C'est en vain que vous tourmentez les trois règnes de la nature dans le but de répondre par les arts, l'industrie, l'agriculture à ces aspirations qui ne font que se développer et s'élargissent sans cesse devant vous. A supposer que les arts, l'industrie, la culture du sol vous secondent, vous n'y parviendrez jamais. Que sera-ce si les grèves se propagent et paralysent l'essor industriel, si les arts souffrent des calamités publiques, ainsi que le travail agricole, si le soleil refuse ses rayons, si des crises financières, industrielles, des disettes se font sentir et se prolongent, si des guerres ruineuses, formidables, s'ajoutent à tout cela? Nous avons eu les années d'abondance et de joie, nous pourrions bien avoir les années de stérilité et de malheurs.

Mais si des complications graves surviennent, en face de qui vous trouverez-vous ? Et si, dans la prospérité, vous avez cru devoir faire appel aux ressources extraordinaires du pays, si ces ressources sont taries, dans l'adversité que ferez-vous et que deviendrez-vous ? Vous vous trouverez en face d'une affreuse réalité, en présence de masses individuelles qui demanderont du pain, des plaisirs, de l'argent ou la mort, et qui commencent déjà à le demander. Ce Peuple-Dieu, ce Dieu-Humanité, que nos réformateurs auront façonné pour jouir, ce dieu mammifère affamé, qui sera et restera comme toujours omnivore, ce terrible dieu ouvrira largement ses arcades dentaires, son rictus sera effroyable, il poussera d'affreux rugissements, il se précipitera sur l'électricité, la vapeur, l'acier et le feu ; il fera ce qu'il a fait à Lyon, à Roubaix, il brisera le pouvoir comme en 1848, en 1830 et dans la journée du 10 août, et en le brisant il se brisera lui-même, car en agissant ainsi dans sa fureur il appellera sur lui comme toujours toutes les combinaisons de la force, il se forgera des fers. C'est alors que, travaillée dans son intérieur, et Dieu sait si elle l'est déjà ! minée de toutes parts, en proie à des convulsions de plus en plus répétées, à la dissolution, l'Europe verra sur elle fondre des malheurs inconnus ; c'est alors que se réalisera la prédiction du captif de Sainte-Hélène : *Républicaine ou Cosaque.* La chute sera d'autant plus profonde que l'on se sera élevé plus haut, et les catastrophes seront en raison de cette chute et du déraillement de cette immense machine qu'on nomme la machine sociale, laquelle, au lieu de parcourir l'espace lancée sur les rails de la justice, s'en est écartée volontairement et sous des impulsions mauvaises dans des jours mauvais.

Il est des symptômes qui justifient surabondamment ce triste pronostic. Ceux du dedans sont par trop évidents ; ceux du dehors ne le sont pas moins. Ce n'est point pour rien, comme je le représentais à un puissant personnage, dans le courant d'avril dernier; que se prépare l'alliance de la Prusse, de la Russie et des Etats-Unis d'Amérique. Elle est avant tout contre nous. On sent que pour nous terrasser et achever les races latines il est besoin d'une puissance formidable et d'une coalition comme jamais on n'en a vu. Cette coalition peut bien être différée de quelque peu par la prudence impériale, par des témoignages de sympathie personnelle, par des démonstrations d'amitié entre têtes couronnées et aussi par une hésitation naturelle en semblable circonstance ; mais l'intérêt, l'exécrable intérêt est là ; mais le système, le froid système politique, qui ne connaît ni

sympathie ni honneur, qui parle de justice et qui commet l'iniquité par
raison d'Etat, qui parle d'humanité et qui fait de la cruauté, ce système
qui veille, qui guette, qui médite de s'agrandir *per fas et nefas*, qui
calcule ce qui peut être son profit, ce système est là; il suffit, ou plutôt c'est
forcé. Et puis, que signifie cet ébranlement universel sur toute la surface
du globe, ce mouvement des peuples vers d'autres peuples ? Ne voyons-
nous pas déjà les nationalités se désagréger ? Les petits Etats se livrent en
Allemagne ; en Autriche, l'élément slave tend vers la Russie ; en Italie, on
s'est rangé, Pie IX excepté, du côté du fait accompli ; par delà les Pyrénées,
il existe des aspirations unitaires. Les choses se présentent les mêmes, ou
à peu près, dans le Nouveau-Monde. Les peuples semblent partout obéir
aux grandes masses ; par un instinct de conservation, ils regardent, et, en
voyant le cataclysme menacer et monter, ils accourent déjà et à l'avance
vers les hautes et énormes montagnes. C'est à une nation jeune, vigou-
reuse, innombrable, qui n'a point encore abusé, qu'est réservée la domination ultime. Nulle n'est mieux organisée et prédisposée que la nation
moscovite et tartare. Le suprême fléau de Dieu partira de là. Le Pansla-
visme absorbera ou réduira l'Occident après que le Germanisme aura passé.
Et, tandis que ces révolutions s'accompliront, que ces calamités sociales se
consommeront, ce type européen si beau, ce type français si remarquable
s'effacera ; l'humanité européenne, de même que l'humanité romaine dans
les temps de décadence, s'altérera comme s'est altérée l'humanité attique.
Cette humanité se déformera. Nous pouvons nous faire une idée de ce
qu'elle deviendra sous ce rapport par ce que nous voyons déjà dans nos
musées d'anatomie pathologique, dans nos hôpitaux, nos faubourgs, et
dans toutes les grandes exhibitions humaines. On aura fait beaucoup pour
la race chevaline, bovine, ovine et porcine ; on aura fait trop souvent le
contraire de ce qu'il fallait faire pour la noble race adamique, sortie si pure
et si belle des mains du Créateur. Cette humanité divinisée, monstrueux
assemblage de mammifères bipèdes, à force de secouer sa colonne vertébrale pour la jouissance, aura son train de derrière éreinté ; elle chancellera
physiquement et physiologiquement, parce qu'elle aura trébuché moralement ; son front appelé à rayonner l'intelligence et le sommet de sa tête
fait pour les grandes pensées et pour la majesté religieuse, ne s'élèveront
plus sublimes vers les Cieux ; comme elle aura adoré la terre, elle sera
courbée vers la terre ; son pouce farci de concrétions tophacées cessera
d'être *opposant* ; furieuse de ne pouvoir assouvir ses besoins de jouissances

elle aura quelque chose de féroce dans le regard ; elle sera pâle, ulcérée, *avec des poils déliés ;* elle sera véritablement l'humanité de MM. Bérard, Charles Robin, Littré, des de Lamarch, Darwin, Wirchoff et de ces deux professeurs de l'Ecole de Montpellier, qui enseignent magistralement, dans une chaire officielle, le budget des familles dans leurs poches, que nous descendons directement d'un chimpanzé.

Mais la science ! direz-vous; vous escomptez la situation sans la science ! La science ! Ah ! la science, elle s'est infligé dans nos temps modernes et s'infligera de rudes démentis.

La science économique, qui devait, avec la vie à bon marché, réaliser tant de choses, qu'a-t-elle réalisé? quelles économies, quels bénéfices pour les peuples, quels échanges avantageux, quels rapprochements sympathiques entre les nations, quel bien-être matériel et moral? Les circonstances l'ont, Dieu merci ! assez favorisée; les encouragements, les protections de toutes sortes ne lui ont point fait défaut; aucun moyen ne lui a manqué ; je considère les résultats : il en existe sans doute, mais combien sont négatifs et combien des plus vitaux sont opposés aux résultats annoncés ! Le malaise général, les faillites multipliées, les ateliers qui se ferment, le crédit qui ne peut se relever, la cherté des denrées de première nécessité, et avec le libre-échange la circulation des miasmes au point de vue physiologique et moral, des idées malsaines qui surpassent de beaucoup les idées saines et qui franchissent les frontières sans obstacle et impunément, des projets de destruction, des haines envieuses entre les deux grands pays qui passent pour les plus intelligents du monde et qui menacent de se traduire par des actes de force incalculable. Voilà ce à quoi la science économique a abouti dans les temps prospères ! Comment pourra-t-elle remplir son programme si les jours deviennent difficiles, et il y a plus d'un nuage à l'horizon ?

La science médicale a-t-elle mieux réussi ?

Elle eût pu, après tant d'investigations, tant de faits accumulés, arriver à quelque chose de satisfaisant, si elle n'eût point perdu le fil conducteur, si elle ne se fût pas noyée dans les détails comme elle l'a fait, si elle eût rattaché le fait à sa loi, si elle se fût spiritualisée avec le génie hippocratique; mais combien de déboires elle s'est ménagés et se ménage ! Elle pourrait inscrire ses revers autant et plus que ses succès ; elle compte des abus ; elle dénonce des attentats dirigés contre les rejetons de la Patrie, et cela dès les premiers jours de leur naissance, et elle ne peut rien : elle est impuissante à empêcher l'invasion du choléra, du typhus des animaux, des.

maladies des végétaux, et quand ces épidémies se sont manifestées, elle ne peut que déployer un zèle et un dévouement stériles. Elle fouille dans les organes, elle constate des lésions anatomiques et microscopiques, mais elle ne peut se flatter encore d'avoir guéri un seul cas de fièvre typhoïde ou de fièvre jaune, un seul de choléra, un seul de cancer, un seul de tubercules, un seul de typhus animal ou végétal ! Lorsque l'infortuné duc de Morny tombe malade, elle est appelée ; elle dit *bronchite* ; elle administre ses nauséeux et pénibles remèdes ; le malheureux, torturé par elle, la supplie de le laisser mourir en paix et de lui épargner des souffrances ; il disparaît de la scène du monde, et celui qui use ses yeux dans les infiniment petits, le trop célèbre Robin, est mandé pour l'autopsie : il constate, sur la foi de son instrument, que les éléments microscopiques du pancréas sont déformés ! Quel trait de lumière, quelle consolation pour la famille et pour l'ami du défunt ! —Le duc n'a pas succombé à une bronchite, il n'a pu succomber à une lésion du pancréas. Si la science qui ne croit pas seulement à la matière eût été là, elle eût pu répondre, et peut-être eût-elle prévenu la catastrophe ! Avant le duc de Morny, le premier magistrat de la capitale suspend ses fonctions, il est atteint ; la science, la haute science dit *grippe ;* elle annonce qu'il va être rendu à son siége, et, le jour annoncé, la prétendue grippe emporte M. de Camoëns. Assurément, avec la grippe apparente, il s'agissait d'autre chose masquée par elle ; mais on avait constaté, à l'auscultation, les signes physiques de la maladie qui régnait alors ; la toux existait, et l'on n'avait point mis le doigt sur l'élément invisible, le point essentiel, l'affection essentielle qui se trouvait derrière la grippe. La médecine matérialiste ne s'arrête pas à ces choses-là.—La science avait dit *érysipèle* dans ces dernières années auprès d'un royal malade de la maison de Bavière ; elle a dit *rougeole*, je crois, dans la maison impériale d'Autriche comme dans la famille régnante du Portugal ; elle a dit et dira : *pneumonie, scarlatine, rhumatisme*, etc., et, en présence de toutes ces affections, même les plus légères, elle a éprouvé comme elle éprouvera les plus amères déceptions. La mort est venue et viendra se jouer de ses jugements. Puisse-t-elle lui apprendre ce qu'une doctrine qui n'est guère en faveur lui apprendrait et ce que nous essaierons un jour de lui faire connaître, à savoir : que dans la pratique, ce qui est le plus à redouter souvent, principalement dans les affections aiguës, c'est moins ce que l'on peut apprécier par un plessimètre, par un stéthoscope, par un procédé physique ou chimique, que ce qui peut être perçu par une intelligence sagace et rapide, et qui ne peut l'être que par elle. L'intuition médicale n'est pas donnée à tous, n'est pas philosophe qui veut, n'est point non plus médecin qui veut et qui croit l'être. Encore une fois, je suis loin de nier les efforts, les faits d'autopsie, les innombrables faits de l'observation clinique et de l'expérimentation, les résultats de l'analyse, les éléments physiques de diagnostic, tout ce qu'on a tenté pour l'hygiène publique et d'en contester la valeur relative ; mais, à travers les rues larges et spacieuses, dans nos salles d'hôpitaux bien distribuées comme dans nos amphithéâtres, je voudrais voir passer avec des colonnes d'air purifié les vrais principes de la science médicale ; je voudrais que cette science fût à même de prévenir les maladies ou un grand nombre parmi celles qui sont épidémiques, héréditaires ; je voudrais qu'elle songeât un peu plus à guérir, c'est là son noble et final but, et qu'elle pût guérir là où elle ne guérit point, là où elle se laisse surprendre et s'administre à elle-même des soufflets incroyables ; je voudrais que, sans négliger aucun de ses moyens physiques et chimiques, elle eût recours à un réactif d'une sensibilité extrême, je veux parler de l'intelligence logique qui va du connu à l'inconnu, du sensible à l'insensible, du matériel à l'immatériel, et qui seule est capable de discerner les courants héréditaires physiologiques dans les familles et de les diriger, d'aller au-devant des prédispositions organiques après les avoir reconnues, de saisir la maladie dans son fond, dans ce qu'elle a d'essentiel, de la définir, de la classer, d'en prévoir les conséquences et de lui opposer à temps des remèdes, soit pour la prévenir, soit pour l'enrayer, soit pour l'atténuer ; je voudrais que des hommes qui étudient le mécanisme de nos fonctions, l'harmonie de nos organes, toutes ces merveilles du corps humain, pussent voir à travers l'Auteur de toutes ces harmonies, de toutes ces merveilles ; en un mot, je ne voudrais point voir la science médicale athée comme elle l'est, et maltraiter l'âme humaine comme elle le fait. A l'origine, dans les âges spiritualistes de la Grèce, la médecine avait ses temples et ses autels ; aujourd'hui elle s'exclut elle-même des temples, et, la première, elle sacrifie au dieu organique et mammifère. Faut-il s'étonner du discrédit qui la poursuit et la ronge ? Il était réservé à notre époque de civilisation et de progrès d'enregistrer dans la famille médicale le plus grand nombre de matérialistes positivistes ! Je dis que c'est un des signes déplorables du temps ; mais passons et voyons en quelques mots ce qu'ont fait les autres sciences.

La science hydraulique n'a rien pu, avec tous ses ingénieurs, pour l'écoulement des eaux dans nos fleuves et nos rivières. On a déboisé nos montagnes, on a fait des travaux d'assainissement, des routes, des canaux, des fossés de tous les côtés ; les eaux pluviales descendent avec impétuosité, chargées de tout leur limon qu'elles n'ont point le temps de déposer sur leur parcours, et quand elles sont abondantes elles remplissent les fleuves et les rivières presque instantanément ; elles débordent et ravagent les héritages. Les lits des fleuves montent par la vase que ces eaux déposent, et en montant ils favorisent encore les inondations. Donc, indépendamment de la cause mystérieuse qui rassemble les nuées sur les contrées et les résout en pluies torrentielles, deux causes évidentes, palpables, de débordement : la vitesse des eaux affluentes qui n'est point en rapport avec le courant du fleuve ou de la rivière et le lit de ce fleuve ou de cette rivière qui s'exhausse en proportion de la vase qui s'y accumule. On dirait que par ces temps de brutale égalité, de nivellement général, le niveau tend à passer même sur la nature physique.

La science météorologique paraît avoir des données, mais elles sont loin d'être certaines ; les naufrages sont toujours très fréquents, et puis, si l'on peut annoncer des changements dans l'atmosphère, je ne sache pas qu'on ait pu diriger un seul vent, qu'on ait pu empêcher un seul brouillard, la rencontre de deux nuages chargés de la foudre, qu'on ait pu faire tomber une seule goutte d'eau des régions atmosphériques pour cette fleur qui a soif, pour cette herbe qui se fane, pour cette plante qui se flétrit, pour ces récoltes qui grillent et se dessèchent, pas plus qu'on n'a jamais pu et qu'on ne pourra jamais obliger le soleil à se montrer à travers les nuages, les brouillards condensés, les épaisses vapeurs, pour échauffer la terre, pour mûrir ces moissons, ces raisins, et donner à leurs produits les qualités requises. La science est bien orgueilleuse, et cependant elle ne peut faire tomber ni une goutte d'eau, ni un rayon de soleil sur la terre, elle ne peut faire varier la température d'un seul degré de calorique ascendant ou descendant.

La science physique et chimique, de même que l'histoire naturelle, ont progressé d'une manière extraordinaire dans la période moderne : leurs applications aux arts, au commerce, à l'industrie, à la médecine, à l'agriculture, à toutes les choses de la vie s'étalent à l'exposition, et je me réjouirais de le constater autant que n'importe qui s'il m'était donné en même temps de constater un progrès parallèle dans les sciences philosophiques, religieuses, morales, politiques et sociales. Le progrès de celles-ci, du moins dans la pratique, est en raison inverse du progrès de celles-là ; c'est ce qui m'afflige et m'effraie.

Vous êtes fiers d'avoir soustrait à la nature quelques-uns de ses précieux et puissants agents : son calorique, ses fluides électrique, magnétique, lumineux, ses forces attractives et répulsives, et d'en disposer dans vos laboratoires comme vous en disposez ; vous êtes fiers de vos réactifs, de vos procédés, de vos appareils ingénieux, de tous vos moyens d'analyse et de synthèse pour décomposer les corps et les reconstituer ; vous êtes fiers de votre mode d'éclairage, de votre lumière phosphorique, électrique, de la tension du gaz que vous développez, de la chaleur, du froid que vous faites naître, de la vapeur que vous produisez et que vous savez tant et si bien utiliser. Vous pouvez, avec les éléments inorganiques, imiter en quelque sorte le Créateur à qui vous devez la puissance intellectuelle, et créer des cristaux, des substances variées et définies, de l'eau, une infinité de corps ; vous pouvez, avec les forces que vous maniez, agir sur certains de ces corps et les faire disparaître, comme le fait Celui qui les a créés. Mais, quelle que soit votre puissance, elle ne s'exerce et ne peut s'exercer que dans des sphères très limitées, à des distances très rapprochées et dans l'enceinte seulement d'un laboratoire ou d'une salle de Faculté ; car, pour peu que vous vouliez franchir les lignes qui vous sont imposées et vous aventurer au-delà des confins du règne minéral, vous vous révélez tels que vous êtes, c'est-à-dire doués d'un pouvoir borné.

Et en effet vous avez, n'est-il pas vrai ? et dans les proportions voulues, tous les éléments qui constituent les tissus animaux, végétaux ; ces éléments sont à votre disposition partout ; vous pouvez réduire en éléments chimiques des substances animales ou végétales bien définies ; vous ne pouvez en refaire aucune avec ces mêmes éléments, et non-seulement vous n'êtes pas à même de produire, je ne dirais pas le plus infime insecte, la plus infime plante, mais de l'albumine, mais de la fibrine, mais de la gélatine dont vous connaissez parfaitement la composition ; vous ne pouvez produire le moindre mucus animal ou végétal. Ainsi vous tenez dans vos mains tous les éléments des plus grands règnes de la nature, y compris ceux de l'espèce humaine, et vous ne pouvez rien réaliser de ce qui se réalise sans cesse et sans effort dans ces règnes. Pourquoi cela ? Parce que vous ne tenez pas la force organique, le principe vital, qui circule dans ces grands règnes, qui s'épanche des êtres producteurs dans leurs produits, qui s'y trouve spécifié dès l'origine suivant les espèces pour y produire la forme particulière, la forme voulue et toujours la même dans chaque espèce, pour y développer, renouveler aux dépens d'éléments inorganiques et organiques tous ces tissus, tous ces organes à l'aide desquels il manifeste la vie et au moyen desquels la vie s'entretient. Le principe de la vie vous échappe, voilà pourquoi vous le niez ; vous niez la vie parce que vous ne la fabriquez point. Mais à ce titre nos devanciers eussent eu raison de nier le gaz oxygène, le gaz azote, qui se trouvent dans l'air que nous respirons. Ces gaz, ils ne les avaient ni éprouvés, ni pesés, ni traités par leurs réactifs, ils ne les avaient rendus sensibles d'aucune façon : donc ils ne devaient pas exister, et pourtant ils existaient comme ils existent.

Vous êtes fiers de votre photographie, et moi j'en suis d'autant plus fier qu'elle a pris naissance dans ce que notre Lamartine appelle la *patrie dans la patrie*, je veux dire dans mon arrondissement de Chalon-sur-Saône. Comme résultat artistique, c'est, à mon avis, quelque chose d'inférieur à la peinture, à cette expression de mouvement et de vie que trace sur une toile inaltérable la main d'un grand maître ; comme application des sciences physiques et chimiques, c'est merveilleux. Mais de grâce, un peu plus de décence, et ne faites pas tourner à la corruption des mœurs cette admirable découverte ! Déjà, sous ce rapport, le rouge monte au front.

Vous êtes fiers de ces messagers capables de parcourir des milliers de lieues par seconde, qui traduisent et portent vos ordres partout au très loin presque instantanément ; vos télégraphes électriques sont bien supérieurs aux télégraphes du premier empire ; ils fonctionnent infiniment plus vite et par tous les temps ; néanmoins, la colère des peuples les brise alors même que vous en avez le plus besoin, et votre câble transatlantique n'a pas empêché l'assassinat de Maximilien.

Vous êtes fiers de vos aérostats, de leur force ascensionnelle ; ils ont causé, je l'avoue, des impressions ignorées jusque-là des foules qui stationnaient dans les cirques d'un autre âge et qui avaient les yeux fixés sur la redoutable borne, sur l'arme étincelante d'un gladiateur, sur la dent d'une bête féroce. Je souhaite que ces ascensions augmentent le domaine des sciences hygrométrique, météorologique, magnétique, des sciences physiques en général, et qu'elles élèvent l'humanité d'autant ; mais je fais un vœu si elles doivent dévier de leur but : je souhaite que ceux qui cherchent à les diriger, à les maîtriser n'y parviennent pas, car vous pressentez comme moi ce qui arrivera : on n'aura plus seulement des combats sur la plaine liquide avec des vaisseaux cuirassés qui peuvent résister à l'attaque, on aura entre les fils de l'humanité des combats dans les vagues de l'air avec des appareils qui ne résisteront jamais ; on emportera dans l'atmosphère l'huile, la flamme, toute espèce de projectiles incendiaires qu'on versera sur les cités ; on se recherchera dans les régions atmosphériques, non plus pour en venir aux mains comme sur le continent, non plus pour se couler à fond dans un milieu sur lequel on peut surnager, comme sur l'Océan, mais pour crever de loin ou de près la fragile enveloppe et pour se précipiter dans les abîmes aériens où l'on sera perdu sans ressource. Au lieu de périr sur le sol et dans les flots, les hommes périront dans l'air et par masses. Ce sera un progrès sous le règne nouveau, le règne exclusif de la science.

Vous êtes fiers de vos télescopes, de leur portée ; mais au lieu de découvrir à travers ces mondes l'Auteur de ces soleils, vous ne le voyez point ; la plupart, vous vous perdez dans l'immensité sans pouvoir vous fixer à rien ; une multitude de choses vous est inconnue ; vous ignorez ce qui se passe dans les planètes les plus rapprochées ; pas mieux que vous ne pouvez atteindre et sonder le fond de la mer, pas mieux vous ne pouvez atteindre et sonder le fond de la voûte étoilée ; et quand vous voulez dépasser une certaine force dans vos lentilles, ce sont les ténèbres et le chaos.

Vous êtes fiers de votre microscope. Il aurait dû vous conduire à voir autre chose que ce que vous avez vu par lui. Vous auriez dû, par lui, assister à la genèse de l'organisme végétal, animal, de l'organisme humain, et, par induction, à la genèse de l'univers. Vous auriez dû saisir avec lui ce que vous n'avez point saisi : l'organe en voie de formation, dans son développement, dans le mouvement de ses éléments intimes, l'organe en fonction, le mécanisme de sa fonction, le moteur de cette fonction, le principe vital enfin, ce principe à la fois organisateur et conservateur qu'avait entrevu le génie de l'antiquité. L'étude de l'ovologie, de l'embryologie, de la physiologie expérimentale aurait dû vous conduire là. — Les astronomes se perdent dans les infiniment grands, les mycrographes se perdent dans les infiniment petits ; les uns et les autres, par abus des dons qu'ils ont reçus, et par excès de matérialisme sont le plus souvent frappés de cécité ; ils sont à la lettre nébuleux et microscopiques comme les objets sur lesquels ils sont tendus, et, au risque d'encourir leur fureur imméritée, je déclare que dans l'avenir, dans l'histoire de la science, pour les distinguer, les retrouver, les révéler, il faudra des grossissements du genre de ceux dont ils se servent.

Vous êtes fiers de tous vos instruments de précision, de vos machines qui fonctionnent avec une force de plus de douze cents chevaux, de vos locomotives, de vos chars de feu qui traînent d'autres chars et qui emportent avec les produits du sol et de l'industrie l'humanité elle-même. Notre siècle est bien le siècle des machines; mais ces machines devraient vous apprendre une chose : qu'elles ne marchent point, qu'elles ne fonctionnent point sans un moteur, que leur progression ne résulte pas de l'arrangement de leurs organes ou de leurs rouages, que leur mouvement, qui est leur vie à elles, n'est point le fait de leur organisation, de leur disposition intrinsèque, de l'agencement des matériaux, des éléments qui les constituent, comme vous le prétendez et l'affirmez pour la machine humaine. Elles devraient, ces machines, vous conduire à reconnaître le moteur de l'organisme animal, du corps humain, de l'organisme ou machine universelle ; mais vous avez et vous voulez bien avoir un bandeau sur les yeux ; vous êtes des académiciens parfois, des professeurs, et, avec des faveurs, vous palpez des espèces qui ont leur mérite sous le culte de la matière : cela sied à vos organes comme à votre surperbe. Nous disons que ce siècle est un siècle de machines. A cet égard, et après y avoir mûrement réfléchi, je fais encore des vœux : je souhaite que ce siècle ne soit machine qu'au physique et non au moral ; car avec cette habitude, avec cette facilité que l'homme a d'abdiquer vis-à-vis de la vapeur, de l'électricité, de toutes les forces de la nature, j'ai lieu de craindre, s'il ne l'a déjà fait, qu'il n'abdique dans un autre ordre d'idées et devant des volontés qui le conduiront fatalement là où il ne faudrait pas; je crains donc que l'homme ne se fasse machine, machine docile pendant un certain temps, machine qui suit sa voie sous une impulsion donnée, mais machine violente, machine terrible quand elle trouve un obstacle sur cette voie et que des causes indépendantes ou dépendantes du moteur, que des causes internes la font dérailler. Je désire, en outre, par ce temps d'étrange fraternité, que le progrès dans les machines s'arrête brusquement et carrément, si elles doivent conspirer contre l'humanité. Et qui ne s'aperçoit pas qu'elles se retournent déjà contre elle?

Si nous y prenons garde, il y a, comme pour l'électricité, la fraternité positive et la fraternité négative. La positive, la vraie, la féconde, c'est celle qui va du côté du divin, Dieu est son véritable pôle, son véritable centre ; la négative, la fausse, la désastreuse est celle qui va du côté de l'humain tel qu'il est; son pôle est le génie du mal et destructeur, le génie de l'orgueil, de l'orgueil, *le père du mensonge*, suivant le mot de l'orgueilleux Lamennais. L'union, sans l'amour de Dieu, c'est l'union des Etats-Unis d'Amérique qui immole à son intérêt une hécatombe de plus d'un million de frères ; c'est l'union anglaise qui fait ce qu'elle a fait dans les Indes et qui affame l'Irlande ; c'est l'union moscovite qui massacre la Pologne ; c'est l'unité prussienne qui met à contribution l'Allemagne, et qui, tout en la forçant sous le joug, la frappe de l'impôt du sang ; c'est la fraternité de Robespierre et de Marat, de Garibaldi et de Mazzini qui fait rougir l'humanité et lui fait saigner le cœur actuellement, comme autrefois; c'est l'alliance espérée et calculée des Italiens qui s'est traduite déjà par plus d'un témoignage d'ingratitude envers nous ; envers celui qui a tiré l'épée pour eux, qui foulent aux pieds ce qu'il y a de plus sacré et déshonorent dans ce moment l'Europe par excès d'amour pour l'unité. Or, sous laquelle de ces fraternités vivons-nous en l'an de grâce mil huit cent soixante-sept? Evidemment, c'est sous le règne de la fraternité purement humaine, sous la fraternité d'une science matérialisée, de réformateurs qui demandent dès 1836 qu'on remplace la chaire évangélique par celle des instituteurs, qu'on multiplie les réverbères et les gendarmes pour restreindre le vol et le crime, qui veulent tout garantir par leur système d'assurances, qui veulent tout séculariser ou mettre dans la main de l'Etat, qui prétendaient effrontément se substituer à tout et parer à tout ; c'est sous la fraternité des frères et amis qui portent la chemise rouge, pillent, volent, égorgent les prêtres et souillent les sanctuaires ; sous la fraternité de gens capables encore de faire repentir Dieu d'avoir créé l'homme !

Mais puisque nous sommes sous le règne de la science purement humaine, ne nous étonnons pas d'en éprouver les contre-coups : il faut être paralysé du sentiment pour ne pas les sentir, et nous devons subir toutes les conséquences d'un tel régime, si ce régime prédomine de plus en plus. Les chassepots sont et seront à l'ordre du jour ; les canons rayés, les fusils à aiguille seront bientôt dépassés ; on affirme qu'ils le sont déjà. On inventera des machines de destruction comme jamais ; des batteries électriques surgiront, qui foudroieront des régiments entiers.

Oh ! siècle de phrases creuses, de rêves plus creux encore, et d'inconséquences accumulées, te voilà donc avec ton bagage scientifique pris en flagrant délit non-seulement d'impuissance et de négations, mais de meurtres en masse, mais de pillage à main armée, mais de violations de toute nature, mais de forfaits contre Dieu et ses ministres, mais de destructions en masses ! Jamais, j'en atteste l'histoire, le génie destructeur ne s'est tant

torturé pour forger des moyens de tuer l'humanité : l'esprit est frappé
d'épouvante à la vue de tout ce qui se prépare dans le sombre arsenal de la
mort. Jamais, à aucune période, le sang n'a tant coulé que dans ces dernières années. La fraternité du jour exhale une odeur de poudre et de
cadavre. On dirait que la terre épuisée réclame l'engrais humain. De
quelque côté que nous regardions, nous contemplons la sublime horreur de
la mitraille, et, avec la foi violée, les traités déchirés, des ambitions impies,
nous entrevoyons des luttes plus sanglantes encore ; et, pour que rien ne
manque à ces scènes de carnage, la plus noire félonie dans une race jadis
pure, l'alliance criminelle entre la royauté et la démagogie, pour abattre
Celui qui représente la justice et la vertu, pour démolir le dernier rem-
part de l'honneur et du droit ; l'amalgame de toutes les passions anti-
sociales, de toutes les machinations soufflées et inspirées par l'esprit
machiavélique, là même où a vécu Machiavel ; l'âme de ce Machiavel qui
tressaille de joie au spectacle de toutes ces infamies ; son spectre qui se
dessine dans la taverne, dans l'antre des sociétés secrètes et qui se dresse
sous la forme rattazienne ; Henri VIII, qui répond de l'autre côté du détroit
aux cris de la révolution italienne par l'organe de la reine d'Angleterre et
des hommes d'État de ce pays, jaloux et inquiets de voir notre drapeau sur
les murs de Rome ; la cabale et la dissolution de l'autre côté des Pyrénées ;
et puis Sa Majesté Catholique d'Autriche, qui décore dans notre capitale,
aux jours de ses plus grandes épreuves, les plus grands ennemis de la
Papauté, des rédacteurs du *Siècle* et de *l'Opinion nationale*, signes avant-
coureurs de ce qu'elle devait faire au sein de son peuple, dont elle livre les
croyances et les destinées à des ministres athées et à une poignée de
libres-penseurs ; l'aigle du Nord, qui s'efforce d'étreindre le catholicisme,
qui étend ses ailes, sous prétexte de protéger la Pologne et les chrétiens
d'Orient, au fond pour enfoncer ses serres dans le cœur des nations (*) ; et,
ce qui n'est pas le moins affligeant, par delà le Rhin, l'astuce couronnée,
l'astuce à froid doublée d'audace qui montre sa face dans le fond du tableau :

(*) On serait heureux de pouvoir constater et de le dire hautement, que, dans
l'entrevue qu'ils viennent d'avoir à Venise, l'empereur d'Autriche et le roi d'Italie
se soient concertés sérieusement en faveur de la Papauté, et conséquemment dans
l'intérêt bien entendu de la grande cause religieuse, comme on aimerait à penser
que si le czar penche actuellement vers Pie IX, c'est dans le but de l'affranchir de
l'Allemagne ; mais voilà bien des années et des années que les consciences catholiques sont désabusées et qu'elles ont lieu de ne plus rien attendre des empereurs

un monarque ambitieux, franc-maçon, qui perturbe l'Europe, qui se signale par ses violences iniques, qui déchire les pactes signés, qui ne croit qu'à la force, rassemble après la victoire son peuple dans les temples ; il remercie Dieu, chante un *Te Deum* en son honneur et sous peu fera de nouveau brandir son épée au bruit de sa redoutable artillerie (*).

Et vous osez venir nous vanter votre progrès en dehors de l'élément religieux ! Arrière, économistes, politiques, savants, mécaniciens, athées ! Arrière tous matérialistes ! Vous mériteriez bien ce qu'un général républicain vous accordait dans les journées de juin 1848 : *La mise au secret*. Vous mériteriez ce qu'un étudiant, que je connais un peu, faisait subir le 15 mai à un révolutionnaire qui proclamait, sur le pont de la Concorde, le gouvernement de Blanqui. Cet étudiant mettait la main sur ce révolutionnaire, et, avec deux hommes armés, il le menait au premier poste de la place, malgré les clameurs de forcenés qui lui criaient : *A l'eau !*

Ces scènes fratricides et de peuple à peuple dont vous parlez avec raison et que chacun condamne autant que vous, dira-t-on, elles auront un

et des rois ; voilà trop longtemps, on pourrait dire trop de siècles, que la politique monarchique nous habitue à ses calculs profondément égoïstes, pour que nous puissions voir dans tous ces mouvements stratégiques, dans toutes ces démonstrations des monarques et des princes, autre chose que ce qui s'y trouve réellement. Il est à présumer que c'est uniquement pour faire pièce à la Prusse, ou bien pour l'amener à ce qu'il désire ailleurs que le gouvernement russe paraît tendre un instant vers le Saint-Père, et il est plus que probable que Sa Majesté Victor-Emmanuel ne comprendra jamais que Rome doit être une ville à part, la *Ville sacrée*, comme je l'ai écrit dans mon *Problème politique*, la capitale de la Catholicité, et que là n'est point sa place à lui comme à ses successeurs, si successeurs il peut avoir sous le régime du droit nouveau.

(*) Le plan de M. de Bismarck, qui consiste à s'étendre par la force et à dominer les peuples en dominant les consciences par la réduction de la Papauté, ou bien en concentrant dans les mêmes mains les pouvoirs temporel et spirituel, n'est point nouveau. Si la France éprouvée se régénère moralement et comprend sa mission, ses plus chers intérêts ; si d'un autre côté les ministres de la religion debout dans l'univers catholique, à la hauteur des graves circonstances, savent, sans fléchir d'un millimètre sur le terrain des principes qu'ils sont chargés de représenter, s'incliner devant les nécessités politiques du temps, en tant qu'elles sont conformes à ces principes et à la justice civile, s'ils savent prendre leur point d'appui là où il faut, ce plan n'aboutira pas. Il ne peut aboutir malgré les efforts combinés des têtes couronnées qui semblent avoir vu dans l'idée du Christ ce que les Césars romains avaient vu. Le Christ vaincra et les peuples qui se rangeront de son côté vaincront.

terme ; il arrivera que, par le progrès dans les appareils de destruction, la guerre sera impossible.

La guerre impossible ! Oui, si les mauvaises passions humaines disparaissaient ; mais votre système ne tend qu'à les faire déborder, mais non-seulement il est incapable de leur opposer le moindre frein, mais avec lui le mal est forcé ; mais depuis que votre civilisation marche avec vos idées, les moyens de s'entretuer se perfectionnent, et la guerre est dans une progression égale à votre progrès matériel. La guerre a toujours existé, elle existera toujours, nonobstant les doctrines les plus parfaites, parce qu'il y aura toujours des passions détestables parmi les enfants des hommes. Il faut être saint-simonien, phalanstérien, de l'école de Cabet, de Louis Blanc, de M. Quinet, et de toute cette race de niais, pour ne pas croire à la guerre dans l'humanité. Le seul moyen de la restreindre et d'en atténuer les effets serait de communier dignement avec le Christ ; quand on communie avec l'esprit du mal, avec le dieu de la jouissance organique, la guerre est nécessaire ; elle est ce qu'elle est aujourd'hui, ce qu'elle sera surtout demain, infernale.

La science, comme on le voit, est non-seulement impuissante pour le salut ; mais, en dehors de l'élément religieux, elle fait fausse route, elle conspire et est appelée à conspirer avec les passions mauvaises pour la ruine sociale.

Mais l'agriculture ! mais l'armée ! mais la solidarité des intérêts !...

L'agriculture ! Tous les jours je suis en rapport avec elle ; en ma qualité de docteur rural, je lui tâte le pouls, je l'interroge, je lui demande si elle peut nous sauver et se sauver elle-même.

Et d'abord la viniculture, qui a transformé en vignes dans ces dernières années tant de milliers d'hectares de sol labourable, qui comptait sur de nouveaux débouchés, sur les chemins de fer, le libre-échange, qui espérait que les barrières s'abaisseraient en sa faveur à la porte de nos capitales et de nos grandes villes, l'entrée des vins sous le rapport de la quantité devant s'y faire en raison de l'abaissement des octrois, et, comme pour la réduction de la taxe des lettres, devant produire davantage !

Le vigneron a fait de bonnes années, mais elles ne sont plus. Aujourd'hui il est là qui fait appel à l'économie politique, et l'économie politique ne répond rien ; il est là qui fait appel au commerce, et le commerce inquiet ne dit rien ; il est là qui fait appel à la science pour combattre l'oïdium et le phylloxera qui l'envahissent, et la science reste muette. Là même où je passe ma vie dans les labeurs de la pratique, sur la plus riche côte de la Bourgogne, un brouillard froid, qui a régné en septembre et octobre 1866, a empêché la maturité du fruit, et, malgré la richesse du sol, malgré les bonnes années précédentes, malgré la réputation de fortune, une seule récolte négative a réduit le vigneron et le petit propriétaire viticole. Sous l'empire du dieu omnivore, l'épargne est dédaignée comme chose de l'ancien régime, il faut se hâter de jouir, et le luxe et les plaisirs dévorent tout. Savez-vous à quoi pense actuellement le vigneron en face de la maladie de la vigne ? A l'arracher, cette vigne qu'il a plantée avec tant de peine et sur laquelle il fondait tant d'espoir ! Et si la misère continue, si la gelée se joint à l'oïdium et au puceron, voulez-vous savoir à quoi il songe encore ? Il s'est dit : par ces temps de machines à vapeur il faudra de la houille, nous nous ferons mineur ; par cette époque de grands travaux de communications, devenons terrassier ; par cette fièvre de transformations, partons pour les villes et soyons démolisseur. Puisse-t-il, à travers tous ces courants d'idées subversives et dans les grands centres, ne démolir que ce que les Haussmann du jour auront en vue de démolir et ne point se démolir lui-même !

Quant à l'agriculture proprement dite, à cette mère nourricière comme on l'a nommée, hélas ! ses mamelles sont bien flétries, son sang est bien appauvri, son front est bien chargé de soucis, et pourtant elle s'est mise sérieusement à l'œuvre ; l'énergie ne lui a pas fait défaut, pas plus que la rosée, pas plus que les rayons fécondants du soleil ; elle a mis à contribution toutes les données de la chimie, de la mécanique, de la physique ; elle aussi, elle s'est confiée dans la science économique, et comme résultat, sous l'action des doctrines faussement progressistes : une gêne considérable, une domesticité rebelle, une main d'œuvre excessive, le vide au foyer domestique. Désolée, l'âme inquiète, tourmentée dans tous les sens, l'agriculture se voit délaissée : le dieu de la centralisation lui ravit ses enfants avant 20 ans ; à 21 ans, le dieu de la paix armée les lui enlève. Plus de trois millions de soldats sont sous les armes pour maintenir la paix en Europe, plus de cinq milliards de francs par an sont dépensés pour l'entretien de l'armée. Ces millions et ces milliards, qui pèsent surtout sur l'agriculture, vont doubler et tripler si les de Bismark et les Gorschakoff, si les Garibaldi continuent, et ils continuent. Cette agriculture si patriotique, si dévouée, les bras lui tombent ; sa paupière s'inonde de larmes quand la guerre dévaste ses champs et moissonne ses fils ; écrasée de charges, privée de ses enfants, elle finira par dire ce que La Fontaine faisait dire à son *Paysan du Danube* en plein Sénat romain, à propos des gouverneurs :

> Retirez-les ; on ne veut plus
> Cultiver pour eux les campagnes.

Et si les épizooties, si les maladies des végétaux se généralisent, si les saisons ne se font pas, si le sol comme déjà ne répond plus aux besoins de l'homme, que fera l'agriculture ? Elle abandonnera la terre. Déjà, celui qui la possède, cédant aux nécessités de la vie matérielle, à la cupidité, à la manie de s'enrichir, a commencé par éliminer celui qui la cultive ; il s'en est allé trouver plus d'un noir marchand de domaines, et lui a vendu une partie de ses immeubles qu'il a convertis en rentes, en actions de toutes sortes, même sur les vidanges. L'odeur et le goût n'y font rien, pourvu que le dix ou quinze pour cent se réalise.

Je passe sous silence le commerce et l'industrie, qui roulent sur la chose la plus insaisissable, la plus fragile, la plus impressionnable, celle qui se volatilise devant tout ce qui sent la commotion, celle que les gouvernements sont impuissants à maintenir, qui les fuit, qui leur échappe envers et contre tout, j'ai nommé le Crédit. Aussi bien et pour ce qui est de certaines branches de notre industrie à nous, je défie qu'on puisse concilier ensemble ces trois choses : l'augmentation dans les salaires, le libre-échange et la concurrence surtout avec l'étranger, qui fait travailler à meilleur marché. Par l'appât des salaires et des jouissances, on entraîne des masses d'individus dans les centres ; on démolit, on reconstruit, on grève les budgets, on ruine l'agriculture, et ce qui n'est pas une des moindres plaies du temps, on prépare pour l'ordre social les plus rudes épreuves et les plus grandes calamités. Il y a là, comme on le voit, un enchaînement fatal. Quand on s'est engagé dans une voie fausse et pleine de précipices, le péril attire le péril, et l'abîme, l'abîme.

Mais l'armée ! Jusque-là elle a été le boulevard de l'ordre matériel, et il faut le dire à son honneur, dans la plupart des grandes circonstances, elle a répondu à ce qu'on avait lieu d'attendre d'elle, à l'intérieur comme à l'extérieur.

Il est deux sortes de soldats auxquels nous devons réellement hommage : le soldat qui se range en bataille autour de Pie IX, qui a pour arme la prière, pour état-major l'épiscopat, et qui fait écumer de rage un garibaldien de Paris ou de Florence, et le soldat qui porte un fusil, qu'il soit pontifical ou non, qui a le sabre au poing, toujours prêt pour la défense de la patrie, de la religion, et autrement digne à mes yeux de la décoration que cet homme de lettres, que ce publiciste, qui empoisonne tous les jours son pays. L'un et l'autre sont deux éléments de salut. Le premier de ces soldats, pour être à la hauteur des circonstances, doit suivre son généralissime, le Pontife suprême ; il faut qu'il soit résolûment décidé à s'élever au-dessus des intrigues de n'importe quelle espèce, au-dessus de l'atmosphère matérialiste, au-dessus de cette prudence condamnée par saint Paul, au-dessus de l'humaine humanité, sacrifiant sa vie si sa vie est nécessaire ; sous un chef tel qu'il l'a, espérons qu'il ne faillira pas. Le second ne doit point non plus se laisser séduire par n'importe quel Prim ; il faut, pour qu'il soit capable de sa mission, qu'il résiste à l'action des doctrines dissolvantes.

Naguère l'armée, par un de ses plus nobles représentants, protestait, en plein Sénat français, contre ces doctrines, et l'Assemblée, à l'unanimité moins une voix, celle de l'auteur des *Causeries du lundi*, s'associait à cette protestation. Dieu aura inscrit, je l'espère, sur son Moniteur universel cette attestation de l'honneur et de la foi de la France, comme il aura inscrit les votes de notre Assemblée législative, appuyant la pensée et la parole impériales chaque fois que cette parole affirme la nécessité de la Providence, des principes religieux, la liberté du chef de la religion catholique et l'élément temporel pour garantir son indépendance. Le vote du 5 décembre sera inscrit au grand-livre de vie. Dieu, il faut encore l'espérer, aura vu derrière ces votes le pays, et sur les penchants des abîmes que nous cotoyons il lui en tiendra compte, il suspendra son bras qui doit nous frapper. Il tiendra compte surtout du sang noblement versé par les soldats de la France. Honneur donc à l'armée ! Secondons-la de toutes nos ressources, rangeons-nous autour d'elle et préservons-la contre les séductions.

Mais si le positivisme, si la science athée l'emporte, si l'on ne réagit point contre elle, qu'arrivera-t-il ? Que peut l'art militaire sous l'influence des doctrines matérialistes ? Ses données ne sont-elles point déjà bouleversées ? Napoléon Ier, s'il revenait, pourrait-il accomplir ce qu'il a accompli ? Ce qui fait la loi sous le régime positiviste, c'est le nombre ; comme il n'y a pas de force morale, ce qui fait la force, c'est la force ; le génie militaire est étouffé comme le génie philosophique, scientifique, littéraire, artistique ; pour que l'armée puisse résister, il faut qu'elle oppose vitesse à vitesse, fusil à fusil, canon à canon, machine à machine. La vapeur et l'électricité du Sud égalent la vapeur et l'électricité du Nord, l'engin de l'Est rivalise avec l'engin destructeur de l'Ouest. Jadis avec des marches rapides, avec des courbes calculées, avec des plans combinés, avec des positions stratégiques, avec l'élan que donne la foi dans la patrie et dans les choses extra-sensibles, on arrivait avec quelques milliers d'hommes à culbuter des armées bien supérieures en nombre. Sous le suffrage universel et sous le numérisme, on déclare, et c'est logique, que le peuple le plus fort est celui qui peut mettre le plus de bataillons en ligne, et l'on demande avec raison, pour une nation de 38 millions d'individus, douze cent mille hommes sous les drapeaux. Sans doute, l'énergie sera toujours comptée pour quelque chose, et la fureur française, en particulier, sera encore de nature à opérer des prodiges ; on ne nous écrasera pas sans qu'il en coûte, et le Sadowa allemand n'est pas encore accompli contre nous, mais cette énergie martiale sera, en raison inverse de l'action du sensualisme, et je n'en persiste pas moins à maintenir ce qui est, à savoir : que les conditions de la guerre et de l'art militaire ne sont plus les mêmes qu'autrefois.

En Crimée, nous avons réussi et nous n'étions pas isolés ; en Chine, nous avons eu le dessus et nous n'étions pas seuls ; à Solférino, nous avons remporté la victoire avec des alliés ; si la Prusse a triomphé, elle le doit avant tout aux Italiens ; au Mexique où nous étions seuls engagés, il a fallu se retirer. — Voilà pourquoi, dès l'an 1863, je me permettais, du fond de ma solitude, d'appeler l'attention de M. Drouyn de Lhuys et toute son attention sur nos relations extérieures ; je lui représentais l'alliance autri_chienne comme étant la plus nécessaire, la plus en rapport avec nos principes et nos intérêts ; j'exposais qu'il fallait grouper autour d'elle toutes les nations catholiques, et les réunir en faisceau contre les puissances du Nord ; je représentais qu'il n'y avait que la papauté qui pût réconcilier le vainqueur et le vaincu de Solférino, la papauté qui, plus d'une fois, avait sauvé l'Europe, qu'elle seule était appelée à cette haute mission, et que pour cimenter l'alliance en question, il était besoin de ciment romain. C'était et c'est encore le seul moyen d'éviter des armements ruineux. L'alliance anglaise nous a coûté trop cher sous les d'Orléans. Une alliance ne peut être solide que si elle s'appuie sur des principes semblables et des intérêts identiques. Une alliance sans principe est une alliance qui pèche par sa base ; la foi jurée qui ne repose pas sur le deuxième précepte du Décalogue est une foi vaine. Quand on croyait et qu'on jurait sur les saints Évangiles la parole était chose sacrée. Une alliance avec des principes opposés est une alliance dangereuse, on n'allie point des choses contraires. C'est malheureusement trop souvent ce à quoi se sont évertués nos politiques.. L'alliance autrichienne aurait pour base la même religion, les mêmes principes et les mêmes intérêts du côté de l'Allemagne, de Constantinople et de la mer Noire. Si la France ne s'allie pas avec l'Antriche, elle court de grands risques ; si l'Autriche ne fait pas alliance avec la France, elle est absorbée. Que si nous sommes isolés, évidemment nous ne pouvons tenir tête à l'Europe. Nous ne pouvons nous appuyer sur les Italiens ; l'Italie qui se déshonore, qui ruine ses finances, qui marche dans le crime, ne peut être qu'un boulet aux pieds de la France ; que si nous restons isolés et si l'action des doctrines sensualistes se fait de plus en plus sentir, non-seulement nous ne pouvons tenir tête à l'Europe, mais cette armée qui était si vaillante et si fidèle se laissera entamer ; elle peut être l'instrument d'une volonté perverse, elle peut mettre la crosse en l'air comme au 24 février, malgré son maréchal Bugeaud ; elle peut faire ce qu'elle fait en Espagne ; elle peut laisser passer les bandits comme en Italie, pactiser et se ranger avec eux ; elle peut devenir une armée prétorienne. Que si les armements continuent, et si la guerre est suspendue, le matérialisme triomphant, on verra, ce que l'on peut déjà constater, un étrange et triste spectacle : l'Europe se dissolvant, l'arme au bras.

Mais la solidarité des intérêts ? C'est un de ces mots sonores qui font, à notre époque, d'autant plus de bruit qu'ils sont plus gonflés de vide. La solidarité humaine qui ne repose point sur le principe de la justice, est comme la fraternité qui n'a pas pour fondement le principe de la charité. La solidarité des intérêts sans la solidarité morale est une chimère. Si l'on en voulait des preuves, il suffirait de jeter les yeux sur l'état des rapports des citoyens entre eux et des nations entre elles. Si l'auteur des *Paroles d'un Croyant* revenait, et s'il passait à travers la terre, il ne verrait plus des frères embrasser des frères, mais il pourrait répéter : l'*exilé partout est seul* ; et l'exilé des positions dans son pays est celui qui croit au Christ de Dieu, qui manifeste sa foi, qui tient bon contre les entraînements de son siècle et qui fait des efforts pour le bien. Partout on voit des clôtures se former, des murs mitoyens se dresser, des grilles en fer se fermer, des serrures perfectionnées fonctionner, des familles se murer. L'égoïsme est le fils du matérialisme, et l'égoïsme contracte les cœurs au lieu de les dilater. On est préoccupé de soi, et à coup sûr on veut avant tout concentrer sur soi les moyens de jouissance. Dans le commerce de la vie les rapports sont tels que sous ce point de vue encore une plainte a été portée en plein Sénat français.

Et pour les nations, qu'est devenue la solidarité, la solidarité morale sans laquelle tout croule ? Les nations sont solidaires entre elles et elles doivent l'être. Un attentat national ne se commet point sans que le contre-coup se fasse sentir dans tout le corps social ; un membre dans l'organisme humain n'est pas atteint sans que le corps entier le soit. Le contre-coup de l'attentat, en voie de se consommer contre les États romains, retentit déjà et partout dans toutes les nations et dans toute l'économie du monde. Jugez de la solidarité actuelle quand toutes les fois qu'une question se pose et qui intéresse le concert européen, l'écho vous apporte cette formule britannique : l'*honneur et l'intérêt du gouvernement de la reine ne sont point engagés*. Nous pouvons apprécier la solidarité internationale, et en particulier la solidarité des intérêts par la conduite des États dans les questions irlandaise, polonaise, allemande, américaine, italienne, et par celle de l'Espagne et de l'Angleterre dans celle du Mexique. Là, et après la faute commise de n'avoir point reconnu le Sud comme belligérant dans l'atroce guerre de l'Union et de ne l'avoir point soutenu d'aucune façon, il y avait encore *une grande pensée* à réaliser ; mais la solidarité des intérêts s'est éclipsée, et, à cause de cette éclipse totale de solidarité internationale, nos possessions comme notre influence, les possessions anglaise et espa-gnole dans les Amériques sont plus que compromises.

De quelque manière que nous envisagions la situation, il faut, nous le voyons, reconnaître *les points noirs* dont parle l'empereur Napoléon III ; il faut, si nous nous ensevelissons dans notre bien-être matériel, si nous restons dans notre assoupissement, si nous ne réagissons pas énergique-ment contre les doctrines négatives, si nous ne votons point pour des hommes de principe, se résigner à descendre ; il faut, à la place de la lumière, subir les ténèbres, de la gloire l'opprobre, de la liberté les chaînes de l'esclavage, de la vie la destruction ; au lieu des mots : *progrès, civili-sation, honneur*, il faudra inscrire les mots : *décadence, barbarie, cor-ruption, immense corruption*, et se réveiller dans la mort. Tel est et sera le règne nouveau que nous préparent des réformateurs athées, qui pèse dans ce moment sur la malheureuse Italie, qui menace toute l'Europe et spécialement notre malheureux pays, c'est le règne de la convoitise, de l'intérêt, de la jouissance, le règne du matérialisme pratique ; c'est l'opposé de la régénération, c'est l'effacement, la dissolution, le sang sur des ruines. L'ange exterminateur aura passé sur la terre européenne comme il a passé sur d'autres terres ; et si nous ne sommes pas effacés à jamais, si l'humanité ne peut périr et sombrer dans le néant, si Dieu n'a point décrété la mort absolue de l'Europe, il faudra à cette humanité, parmi les membres qui surnageront sur le vaste gouffre des révolutions et des grands cataclysmes, bien des efforts soutenus, bien des vertus, bien des larmes, bien des prières, bien des combats de toutes sortes, pendant bien des années ; il faudra que le divin Proscrit daigne revenir et se mêler à nos luttes fratricides pour les apaiser et pour ramener la vie dans les champs glacés du trépas. Sans le Tout-Puissant que nos gouvernements exilent et persistent à exiler, c'en est fait irrévocablement. Nous aurons été.

Ce langage est une infamie ! Vous calomniez votre époque ! Votre prophétie est une de ces prophéties insensées comme on en a tant fait depuis Voltaire ; depuis ce grand homme, on a annoncé plus d'une fois la fin du monde et le monde a toujours marché. Qui êtes-vous ? Êtes-vous de l'école de Montpellier ou de Paris ? Que signifie votre accent clérical ? Quel parti vous pousse ? Le soleil de la civilisation est tellement rayonnant qu'il a frappé votre rétine par trop délicate, et l'excès de lumière vous aveugle au point de ne pouvoir comtempler ce qui est.

Ainsi parlent les adorateurs et les courtisans du pseudo-progrès, ils ajoutent à notre adresse :

Vous voulez sans doute étouffer la libre-pensée et immoler les libres-penseurs sur le bûcher de l'inquisition ?

Je réponds :

Je ne calomnie point ; je ne fais que constater des faits, l'état social, et je le constate à la lumière de l'histoire, du bon sens, de l'expérience et à la lueur sinistre de l'incendie qui dévore les péninsules et certaines terres du continent ; je n'expose que ce qui est et pas tout ce qui est ; je ne porte point le scalpel dans votre vie privée, je vous l'abandonne et n'attaque que vos doctrines ; je reconnais que vous êtes parfaitement libres de penser et de penser tout ce que vous voudrez : cela résulte de votre création et cela est dans le plan divin. Comme la vipère est libre de sécréter du venin, vous êtes libres avec *votre organe cérébral,* d'après le mot de l'un d'entre vous, *de sécréter la pensée,* et partant le poison intellectuel ; mais j'estime avec tous ceux qui pensent normalement que nous avons, indépendamment de la vie physico-physiologique, une vie morale ou spirituelle, et de même que, si je voyais un frère verser du poison dans le breuvage d'un autre pour attenter à la vie de son corps, je croirais de mon devoir de prendre tous les moyens pour l'en empêcher; de même, et sans invoquer le bûcher, le christianisme ne l'a jamais invoqué, et ceux contre qui vous hurlez, vis-à-vis desquels vous exercez des attentats ne l'ont jamais invoqué non plus, je crois devoir prendre les moyens qui sont en mon pouvoir pour empêcher votre poison moral de tuer la vie spirituelle de mes frères dans l'humanité. Autre chose est d'être libre de penser dans son for intérieur, et autre chose est de répandre le produit de sa pensée et d'inoculer comme vous le faites et par toutes les voies le poison de vos idées. Quoi! vous empoisonneriez mon pays et je n'aurais pas le droit de protester et d'avertir mon pays! Je n'aurais pas de droit de dire à mes concitoyens : Voyez comment est fait un athée, un matérialiste ! Défiez-vous de ce reptile qui dresse sa tête déprimée à travers les fleurs de l'Éden de la civilisation, qui porte dans son crâne quelque chose de venimeux, qui verse dans ses discours et sur des pages ce qu'il a de délétère, dont le regard fauve est fascinateur, et dont les replis et les mouvements onduleux du corps imitent les ondes de sa pensée ! Je n'aurais pas le droit, en face des serpents du siècle, de dire à des Français : résistons, résistons, concertons-nous et réduisons à l'impuissance et au silence ceux qui mettent en danger nos existences et la patrie tout entière ! Autant comme père de famille que comme citoyen sous le régime du suffrage universel, je n'aurais pas le droit de dire au Pouvoir qui veut être éclairé : Constatez avec moi la nature des doctrines de votre ministre de l'instruction publique et voyez si un tel homme peut diriger nos esprits et nos cœurs et faire une éducation véritablement nationale. Vous ignorez donc ce que Bonaparte écrivait à Lalande, de l'Institut, qui professait l'athéisme ! L'empereur lui signifiait qu'il n'entendait point qu'on empoisonnât ainsi son peuple. Vous ignorez comment ce même Bonaparte entendait l'éducation des filles d'Ecouen, de la femme en général, combien il répudiait les raisonneuses et les libres-penseuses, et, sous le règne du neveu, vous auriez le droit de faire ce qui n'était point permis sous l'oncle et ce qui doit être interdit dans tous les temps ! Celui qui releva les autels du catholicisme voulait contre vous et vouloir contre vous, c'est tout. J'admire votre système de tolérance, il est connu depuis bien longtemps : il se révèle dans ce moment à Bruxelles, comme il s'est révélé à Berne, sur les bords du lac de Genève et sous les murs de Rome, comme il s'est traduit et se traduira partout à la honte et au désastre de tous. Je suis loin d'être fanatique, les médecins ne le sont guère, et je suis médecin ; je ne crois pas non plus être ni amaurotique, ni cataracté ; la cataracte existe de votre côté, et c'est à la médecine qu'il appartient d'opérer cette maladie. Je repousse votre classification zoologique et philosophique de l'espèce humaine , non point parce que j'ai le poil un peu dense *et non délié*, mais pour d'autres motifs. — Je ne suis point de l'école de Montpellier. Montpellier ! rassurez-vous, n'est plus ce qu'il était ; le vieux Lordat, qui m'écrivait aussi sur la fin de sa vie scientifique, vient de descendre de sa chaire illustrée par le vitalisme et par le spiritualisme. Cette chaire retentit aujourd'hui des accents d'un matérialiste d'abord sifflé , puis applaudi, de M. Rouget, le pendant de M. Robin, le digne appendice de Bérard. Le savant et auguste vieillard qui l'a précédé aura assez vécu pour voir l'abomination de la désolation dans le sanctuaire de la science. Je crains bien qu'il ne soit le dernier représentant de l'Ecole du Midi. Sous l'empire du physiologiste de la capitale, du doyen mammifère, un ministre d'hier, dont le nom restera également significatif, M. Rouland, l'a matérialisée ; le ministre d'aujourd'hui ne la dématérialisera pas. L'école de Paris est ma mère ; ma mère se faisant infanticide, je me tourne contre elle ; je l'aimais pourtant d'un grand amour, et je l'aimerais toujours si elle pouvait se résoudre à donner de la nourriture saine à ses enfants. Mais, ô douleur ! elle vient encore, dans ces derniers jours, de consacrer les doctrines négatives dans une thèse soutenue devant elle *sur l'entendement humain* ; le doctorat est sacré par elle au nom du matérialiste positiviste. Je ne relève d'aucune secte , je n'obéis à aucune société secrète , je m'appartiens. Je suis du parti de la France, je crois aux principes de 89 ; je suis aussi, pour ne pas dire plus, indépendant et plus progressiste que vous ; mais je pense que nous étions avant que 89 fût. Je voudrais voir se faire une bonne fois, sérieusement, virilement, au sein de la nation française et des autres nations, l'alliance de la raison humaine représentée par cette époque de 89 avec la Raison évangélique ou la Raison divine ; je suis partisan d'une sage et sévère démocratie contre la plébocratie, de la démocratie religieuse contre la démocratie athée, comme je suis partisan de l'union des peuples dans le Christ contre la coalition des monarques sans autres dieux qu'eux-mêmes, le monarque sans Dieu, le représentant de l'autorité sans Dieu étant un des plus grands fléaux du genre humain. Je m'efforce non-seulement de la concevoir, cette démocratie, mais de la pratiquer. L'égalité civile ou relative proclamée par nos pères est à mon sens le corollaire forcé de l'égalité morale, absolue, proclamée par le Christ devant la loi divine ou la justice divine. Que si l'on veut l'égalité civile sans le Christianisme, on n'aura qu'une égalité brutale, jalouse, destructive, farouchement et iniquement niveleuse. Que si l'on aspire et si l'on revient à un régime politico-religieux qui exclut l'égalité devant la loi civile, on ne fait que verser, au point de vue politique, dans l'injuste mis en lumière depuis plus de 80 ans, on lutte contre des idées invincibles qui sont et doivent être dans le fond de toutes les individualités quelles qu'elles soient, et l'on accumule, avec des impossibilités radicales, des résistances et des bouleversements incalculables.

Tel est, d'une manière générale, mon sentiment, ou plutôt ma pensée réfléchie sur le vaste problème du temps; et comme vous me paraissez complétement ignorer le mouvement des sociétés à travers l'espace et la durée, je vous convoque sur la voie d'une de nos lignes ferrées, je vous appelle là, au moment du départ du train et je vous dis :

Regardez la locomotive; elle se met en mouvement; elle progresse sous l'action de la vapeur, et sous ses impulsions répétées tout le train prend sa marche accélérée. Vous la suivez des yeux sur la ligne et la perdez de vue; mais si par la pensée, et au bout de quelque temps, vous vous transportez à de grandes distances, à l'opposé du point de départ, près du point d'arrivée, vous pouvez constater l'une de ces trois choses : ou le mécanicien suspend totalement l'action du moteur, et nonobstant cette action supprimée, le train marche aussi rapidement, plus rapidement même, il marche en vertu de la vitesse acquise, laquelle cessant, le mouvement cesse, la machine abandonnée à elle-même s'arrête; ou bien le mécanicien ne fait que modérer l'action de la vapeur, la machine marche alors en vertu de deux causes, la vitesse acquise et la force affaiblie du moteur, le mouvement qui, dans ce cas, persiste plus longtemps finit aussi par s'arrêter, l'impulsion étant insuffisante; ou bien enfin, le mécanicien, non-seulement fait cesser toute action de la vapeur, mais il oppose à la marche par vitesse acquise une force d'arrêt; le train s'arrête alors d'autant plus vite que la force qu'on lui oppose est plus grande.

Chaque société vivante est ce train avec sa machine et sa force motrice; elle a son point de départ et son point d'arrivée, qui est le débarcadère de ses destinées immortelles; elle se met en mouvement sous l'impulsion de principes immuables que tous les siècles ont reconnus; elle progresse sous l'action répétée de ces principes, et il arrive que vers le *summum* de la civilisation, elle marche extrêmement rapidement en vertu de la *vitesse acquise*. Ces principes ont beau s'affaiblir, son mouvement, pendant un certain temps, n'en est pas moins accéléré ; sa vie, sa grandeur n'en sont pas moins prodigieuses ; c'est, depuis trop longtemps déjà, l'état de nos sociétés contemporaines. Mais si ces principes cessent, cette vie cesse aussi, et si des efforts agissent en sens inverse de ces principes, le moment d'arrêt ne peut manquer d'arriver.

Vous êtes de ces moyens d'arrêt qu'on recherche pour suspendre *subito* la marche d'un train. Sans la *vitesse acquise* et sans l'action des principes divinement moraux qui ne s'efface pas complétement, vous seriez capables de suspendre le mouvement des sociétés. Vous serez toujours l'obstacle que le génie du mal cherche à mettre sur la voie pour faire sauter le train et le faire dérailler.

C'est pour cela que je crie gare ! Voilà pourquoi je fais appel, dans un but de résistance morale, à tous ceux qui pensent avoir une âme contre vous qui pensez n'en avoir point ; voilà pourquoi enfin ces considérations générales posées et après avoir déjà pris à tâche de réfuter le matérialisme théorique dans mon travail sur la *Médecine dans ses rapports avec la Religion*, je taille encore ma plume, et je me propose, dans la deuxième partie de cette étude, la partie technique, de produire une définition de l'homme, de le considérer comme le point de départ, le sujet et l'objet de toutes les sciences, de parcourir le problème du temps et de tenter une solution pour chacune de ses grandes divisions que nous avons tracées.

LE SUFFRAGE UNIVERSEL

C'est une question toute d'actualité, décisive ; c'est, à ce qu'il semblerait, du feu qui brûle, auquel nos constituants n'ont osé jusque-là toucher,
et auquel il est nécessaire qu'ils touchent, sous peine de voir brûler leur
œuvre et de nous voir consumer avec eux.

Je l'ai dit dans mon *Problème politique*, le suffrage universel, quand il
est ce qu'il doit être, est la base la plus large et la plus légitime du pouvoir démocratique, comme de tout pouvoir politique ; il est implicitement
contenu dans la Constitution de 89, et, en particulier, dans ce principe :
l'*égalité devant la loi ;* mais, dans la même page, je disais également
qu'il n'y avait rien d'absolu en politique, et nos chefs du parti radical
sont obligés de déclarer eux-mêmes, quand ils sont aux prises avec la
pratique, qu'ils poursuivent un idéal inaccessible. La perfection dans le
domaine des moyens et des faits, politiquement parlant, est une utopie,
et utopistes sont ceux qui, comme Jules Simon, Gambetta, sont partisans
absolus de la liberté absolue de la presse, des libertés en général, de
l'égalité absolue, de la fraternité absolue, du suffrage universel absolu.
Ils ne le sont, et c'est justice à leur rendre, que théoriquement. Entre
Aristote qui pensait qu'un boulanger ne devait et ne pouvait être appelé
à exercer les droits de citoyen, entre ce philosophe de Rome qui considé-
rait le peuple comme une chose, *res*, un vile troupeau, *vile pecus,* et ces

messieurs qui assimilent dans cette question le dernier des ignorants au premier des penseurs, le gredin, le vagabond à l'homme vertueux et paisible, le fainéant, celui qui n'a rien, le dissipateur, à l'homme laborieux qui possède et sait économiser, et qui nous placent sous le joug exclusif et brut du nombre, au lieu de nous mettre sous celui de la raison, il y a place, je crois, pour une opinion rationnelle et coïncidant avec la justice civile ou politique, qui dérivera toujours de la morale, et qui par conséquent ne sera jamais qu'une justice relative.

Que s'agit-il donc au point de vue pratique et sagement démocratique? Il s'agit, dans la disposition de la loi, de faire en sorte que la généralité des individus qui, par leur conduite et leurs labeurs, sont dignes à tous égards, soient admis à l'exercice de leurs droits, et que, d'une manière générale, mais non absolue, le citoyen qui a de l'activité, du cœur, de la moralité, ne puisse accuser le législateur de le frustrer du plus grand de ses droits, celui de voter, quand il a satisfait au plus grand des devoirs, celui de porter les armes pour la patrie; il s'agit, pour être sincère, que le suffrage soit libre; que, pour ne pas être aveugle, il soit éclairé; que, pour ne point dévier, il soit dirigé; que, pour être honnête, sérieux, il soit consciencieux, réfléchi, et tout cela sans être tronqué, enchaîné, dominé; il faut qu'il soit l'expression de la pensée du plus grand nombre et qu'il ne soit pas l'instrument d'un parti, d'un comité, qu'il représente les intérêts de n'importe quel ordre, l'ordre en lui-même, et non le désordre, les intérêts d'une seule espèce, d'une seule coterie, d'une ambition unique et perverse. Voilà bien, si je ne m'abuse, ce qu'il faut que le suffrage universel soit.

Or, pense-t-on réellement que si l'on exigeait pour l'électeur un cens quelconque, un cens de quelques francs, l'homme qui a du cœur, de l'activité, de la moralité, serait fondé à accuser la loi et qu'on n'aurait pas là des garanties pour l'ordre, comme on en obtiendrait par un domicile obligé de dix-huit mois à deux ans? Est-ce que dans cet impôt si réduit il n'y aurait pas un stimulant pour le travail et la bonne conduite, et le suffrage cesserait-il pour ces motifs d'être universel? Il le serait en principe toujours et pourrait le devenir pratiquement tous les jours.

Dans les Etats-Unis d'Amérique, où le sens pratique est si développé, tandis qu'il l'est si peu parmi nos tribuns, nos savants et nos philosophes du jour, qui ont la manie de vouloir légiférer et d'entrer en scène, c'est le suffrage universel à deux degrés qui fonctionne. C'est aussi celui que j'ai préconisé dans *mes Réflexions sur les causes de notre décadence*, et qui devrait fonctionner parmi nous, car c'est le seul qui

soit susceptible d'être éclairé. Croit-on vraiment que ces masses igno-
rantes dont parle M. Gambetta, et que le bonapartisme, qui n'est plus
que l'abus, la déviation de l'Empire, voudrait encore exploiter, puissent
voter en connaissance de cause sous le régime du suffrage direct avec
ou sans scrutin de liste, et si nos habiles veulent positivement un suffrage
éclairé, s'ils ne veulent point spéculer sur la bêtise humaine, ne devraient-
ils pas opter pour le second degré, ou bien se décider à éliminer tous
ceux qui ne savent ni lire ni écrire, les diplômés, les capacitaires, quelles
que soient leurs ressources, devant toujours et de droit être électeurs
et éligibles ?

Nous soutenons que le suffrage doit être sérieux et moral. Comment
peut-il l'être s'il appelle à lui des enfants de 21 ans, qui se trouvent nantis
du plein exercice du plus grave de leurs droits avant qu'ils aient pu remplir un seul de leurs devoirs civiques, si la première limite d'âge n'est
pas 24 ou 25 ans, si l'on n'exclut pas les indignes, les condamnés
pour improbité et pour mauvaises mœurs, certaines professions ou mieux
certains vilains métiers qui corrompent la jeunesse et sont la désolation
des familles ? Si l'on a quelque souci de la dignité et de l'honneur du pays,
on ne doit pas hésiter à faire passer quelques purgatifs de ce côté.

Il faut que le suffrage universel soit dirigé, et en effet l'expérience
nous démontre comment de la république il va à l'empire et de l'empire
à la république, comment il nous étonne et étonne le monde par ses
écarts et ses aberrations ; il faut donc que, tout en laissant la discussion
libre, le Pouvoir soit loin d'abdiquer et ne se laisse en rien attaquer. S'il
abdiquait dans une matière si capitale, il n'y aurait plus de gouvernement,
c'est-à-dire d'âme dirigeante, et c'est ce que d'aucuns voudraient, mais
ce que le cri de la conscience, le sentiment du devoir, l'intérêt d'un peuple
ne peut accepter ; il ne faut pas que le Pouvoir impose, ni menace,
mais il faut qu'il manifeste et ne cesse de manifester sa manière de voir,
sans renouveler pour cela les candidatures officielles, et sans trop se
soucier de ces coups de majorité parlementaire qui sont, à proprement
parler, de véritables scandales.

Enfin, il faut que le suffrage universel soit spontané et exprime réellement la volonté du pays. Mais comment sera-t-il spontané s'il est sous
la pression des clubs, des comités et de comités clandestins ? Je n'ai
jamais compris dans notre France l'existence et le fonctionnement de
sociétés secrètes, ou plutôt je sais trop comment et au profit de qui elles
fonctionnent. Tout individu qui en fait partie, qui est reconnu pour en
faire partie, à moins qu'il n'y renonce hautement, juridiquement devant
un magistrat, devrait être rayé du registre des électeurs et ne devrait pas

être éligible. Une société secrète, c'est une puissance dans l'Etat, une force organisée en face de l'Etat, un danger permanent pour l'Etat ; c'est, et nous en avons de tristes échantillons, un levier pour les ambitieux ; c'est toujours une anomalie. Du moment qu'il existera un pouvoir assez fort pour les dominer (la mesure que j'indique est, ce me semble, la plus apte à les atteindre), ce jour-là il y aura un immense péril de moins dans la nation. Il est donc urgent que le gouvernement surveille et annule autant que possible ces influences occultes, ténébreuses, qui ont fait passer des noms incroyables contre des réputations incontestées, et qui en feraient passer bien d'autres si on les laissait faire.

Mais, dira-t-on, il n'y a rien au-dessus du suffrage universel ; dès l'instant qu'il a parlé, il faut se soumettre ! Il y a l'honneur, il y a le droit, il y a le salut du pays. Si son arrêt n'est pas en rapport avec toutes ces choses, c'est le devoir du gouvernement d'y remédier. On devrait ne point ignorer ce point essentiel, ceux qui parlent ainsi ne l'ignorent pas, qu'il n'est point la loi fondamentale, qu'il n'est qu'un moyen, que, comme tout moyen humain et surtout dans certaines circonstances données, il est sujet à l'erreur ; qu'une seule forte tête, qui réfléchit profondément, peut avoir raison contre mille qui ne réfléchissent pas, contre des millions d'hommes qui se fatiguent, perdent patience dans la lutte pour la bonne cause et se laissent entraîner par certains courants, et qu'il n'est point permis de laisser passer l'erreur quand elle renferme la ruine de la patrie.

Ainsi donc, pour être valable, le suffrage universel doit être non ce qu'il est, mais ce qu'il faut qu'il soit, c'est-à-dire conforme aux intérêts légitimes, à la justice, aux droits de tous. L'empire, lui, le réclame, et si le maréchal Canrobert en eût pu saisir le pourquoi, il n'eût pas exprimé publiquement et d'une manière si bonapartiste sa foi dans cette arme formidable, à deux tranchants. L'empire a caressé les appétits des masses, l'empire a flatté les passions, l'empire s'est fait par la corruption une immense clientèle ; l'empire a malheureusement aussi sa raison d'être de par le suffrage universel ; c'est une affaire d'intérêts égoïstes et malsains, de tube digestif et d'organes plus inférieurs encore. C'est pour cela qu'au dedans beaucoup veulent ce suffrage pour avoir l'empire. On veut cette forme de gouvernement à Berlin pour nous voir descendre de plus en en plus et de nous-mêmes ; on la veut à St-Pétersbourg à cause du principe monarchique contre le principe démocratique. Si nous sommes sages et modérés, on n'aura rien à vouloir en dehors de chez nous que ce que nous aurons voulu. Si le suffrage universel reste ce qu'il est, ou bien nous aurons après Waterloo, Sedan, toute cette série de désastres, une troisième édition de l'empire, ou bien nous aurons ce qu'il y a de pis dans les sociétés humaines : le radicalisme, la république athée, le produit des sociétés secrètes, de toutes les passions impies, anti-sociales, et alors le prince de Bismark, qui n'avait aucun prétexte quand il entamait le Danemark, l'Autriche, quand il nous entamait en 1870, en aura un, celui de rétablir l'ordre en Europe, et alors encore quand nous serons assaillis, nous verrons si nos grands parleurs, nos fins discoureurs, ces avocats, ces professeurs d'athéisme, tous ces vénérables des loges, tous ces matérialistes sont de taille à repousser l'ennemi !

Donc, en dernière analyse, pour éviter la guerre au dehors et au dedans de nouvelles Communes, pour écarter l'empire et le radicalisme, pour avoir un gouvernement solide, pour affermir le présent, assurer notre avenir, pour fonder une république digne de ce nom, il faut épurer, rectifier, éclairer le suffrage universel sans le mutiler, le perfectionner autant que possible, et, dans le cas où il s'égarerait, se suiciderait, irait contre son vrai but, qu'il aurait la folie d'abdiquer, d'aliéner sa souveraineté au profit d'un seul, de quelques-uns d'un parti, il faut de nos jours de la part du Pouvoir gouvernemental qui reste debout et qui est son expression la plus élevée, le rappeler franchement et résolûment à l'ordre, avec cette devise : *La Force appuyant le Droit ;* il faut que ce Pouvoir s'arroge le droit de dissolution, comme il existe ailleurs, dans une grande démocratie, si l'Assemblée n'a point la sagesse de le lui accorder.

Ce 10 Juin 1875.

www.ingramcontent.com/pod-product-compliance
Lightning Source LLC
LaVergne TN
LVHW050104060726
842524LV00003B/924